Irene Heise

Digitalisierung und Glauben: RESET

Spirituell-theologisches
Zentrum
Katharina von Siena

Kompetenzzentrum
Aufatmen
für Scheidung und
Wiederverheiratung
in der Kirche

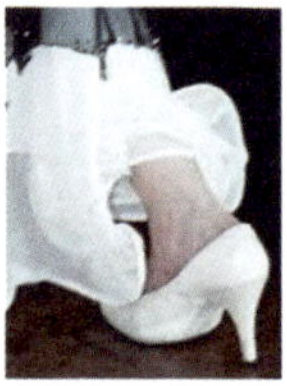

„Standard Stars"
Irene und Dieter Heise
Solo-Showtanzpaar
und Tanzmeditationen

ISBN 978-3-9503948-2-5

1.Auflage 2019

Internet: www.caterina-von-siena.de,
https://www.erzdioezese-wien.at/pages/inst/23302769

Umschlaggestaltung: Donau Forum Druck Ges.m.b.H., 1230 Wien
Umschlagfoto Irene Heise: Renate Fuchsjäger
Logo Zentrum Katharina von Siena: Dieter Heise
Logo Kompetenzzentrum Aufatmen: Manuel Pascal Heise (Grafik),
Design: The Best Kunstverlag, 4600 Wels
Logo Standard Stars: Alfred Martinek
Fotodokumentation: Privatarchiv Irene Heise
Satzgestaltung, Layout und Lektorat: Dieter Heise
Druck: Donau Forum Druck Ges.m.b.H., 1230 Wien
Printed in Austria

Ihnen,
meinen geschätzten Leserinnen und Lesern
in den Diözesen, Pfarren und Klöstern,
in Bildungs- und Exerzitienhäusern,
an Universitäten und Hochschulen
im ganzen deutschen Sprachraum und weit darüber hinaus
widme ich dieses Buch –
unter besonderer Berücksichtigung Ihrer langjährigen
Rückmeldungen erarbeitet -
mit aufrichtigem Dank für Ihre Treue über viele Jahre
besonders herzlich!

INHALTSVERZEICHNIS

6 Zum Geleit

I. Zur Einführung:
Warum „Seel"-Sorge in der Kirche?

12 I .1. Unsere unsterbliche Seele
14 I .2. Unsere Seele als innerster Raum der Gottesbegegnung
19 I .3. Aktiv werden, um Gott zu begegnen
23 I .4. Und wenn wir nichts empfinden?

II. Gott in unserem Leben neu entdecken

30 II.1. Unser Licht des Glaubens
39 II.2. Selbsterkenntnis als Weg zu einer neuen Innerlichkeit
49 II.3. Die Kräfte der Seele stärken

III. Gott persönlich begegnen dürfen im Gebet

62 III.1. Warum beten? Welche Wirkung entfaltet das Gebet in unserem Leben?
73 III.2. Was haben unser Gebet und „Tränen" gemeinsam?
81 III.3. Vier Versuchungen, das Gebet aufzugeben, und aktuelle Herausforderungen

IV. Unsere Beziehung zu Jesus Christus

94 IV.1. Jesus Christus als unsere Brücke zu Gott

103 IV.2. Die Eucharistie als innigste Vereinigung mit Jesus
117 IV.3. Das eigene Leben auf Jesus ausrichten: drei Stufen auf dem Weg

V. In der Kirche zu Hause sein
130 V.1. Einheit unter dem Primat des Papstes
143 V.2. Der Priester als „Gärtner" der Kirche
158 V.3. Unter den Flügeln der Barmherzigkeit Gottes
168 V.4. Amtskirche und Barmherzigkeit - kein Verurteilen und Mut zu „Auswegen"
172 **Exkurs:** Das Nachsynodale Apostolische Schreiben von Papst Franziskus „Amoris Laetitia" vom 19.März 2016 als Meilenstein

VI. Spirituelle Frauenkompetenz in der Kirche
180 VI.1. Braut Christi und geistliche Mutterschaft
197 VI.2. Apostelin und Kirchenlehrerinnen – zukunftsweisende Hoffnungsträgerinnen

VII. Zeugnis geben von der ewigen Güte und Schönheit Gottes
214 VII.1. Weite des Herzens in Empathie als „Seele der Nächstenliebe"
230 VII.2. Ästhetik und Kultur als Gradmesser unserer Verwiesenheit auf Gott

250 Literaturverzeichnis

Zum Geleit

Das menschliche Antlitz der Kirche Jesu Christi hat gelitten. Viele aufrechte Katholikinnen und Katholiken leiden darunter, andere wenden sich enttäuscht von der Kirche ab: eine immense Herausforderung für die Seelsorge und höchste Zeit, sich auf das wahre Antlitz der Kirche zu besinnen, jenes der unvergleichlichen Schönheit unseres Glaubens, wurzelnd im „Eckstein“ Jesus Christus. Dazu scheint ein neuer Zugang nötig.

Anstöße für dieses Buch bedeuteten Ihre Sorgen, liebe Leserinnen und Leser, aus den Diözesen, Pfarren und Klöstern im ganzen deutschen Sprachraum, welche Sie mir persönlich, fernmündlich, über Internet oder in Briefen über etliche Jahre hinweg mitgeteilt haben. Ihrem damit bekundeten Vertrauen, liebe langjährigen, treuen Leserinnen und Leser, versuche ich mit diesem Handbuch für Ihre pastorale Praxis gerecht zu werden.

Die größte Sorge, die immer wieder artikuliert wurde, bedeutet ein permanenter Glaubensschwund, die sich allmählich leerenden Gemeinden, der oft leise erfolgende Auszug aus den Gemeinden. Als eine Hauptursache wurde die überhand nehmende Digitalisierung unseres Alltags genannt, die schleichende Abgabe von Lebenskompetenz an die Betreiber der Internetforen und sozialen Medien, deren nachdrückliche, aufdringliche, ja aggressive, manipulative Vorgangsweise, Abhängigkeiten zu schaffen und die Menschen mehr und mehr fremdzubestimmen. Was anfangs für die Nutzer/innen spannende Neuerung und Abwechslung bedeutete - neue, faszinierende und schnelle Möglichkeiten der Kommunikation, Computerspiele im lustigen oder antörnenden Design von Moorhuhn oder Wunschfrauen- und Heldengestalten -, ist mittlerweile für viele zum unkontrollierbaren Dauerstress ausgeartet. Das Einstürmen von immer neuen Angeboten von verbesserter digitaler Qualität tut sein Übriges, um die Aufmerksamkeit der Nutzer/innen bereits im frühen Kindesalter immer mehr und länger an das Smartphone zu fesseln. Die Folgen sind fatal: zunehmender Verlust der Kommunikation von Mensch zu Mensch, der Pflege von Freundschaften und des Erlebens von Natur und Kultur, verbunden mit Wertverlust und Abhandenkommen der Fantasie, permanenter Wettbewerbszwang unter dem Damoklesschwert sonstigen Gemobbtwerdens, Haltungs- und Augenschäden, schließlich Suchtgefahr, Depressionen und Burnout.

Daneben droht das Gespür für den Glauben verlorenzugehen, Lebensordnungen (wie auch das Kirchenjahr mit seinen Festen) verschwimmen in der schrillen, gleißenden und digitalen Welt, in der jederzeit alles zu finden und zu erwerben ist. Was zu spät realisiert wird, ist die allmählich schwindende Lebensfreude. Irgendwann wird erschöpft Hilfe gesucht: in der Medizin, bei Therapeuten, bei Gurus oder esoterischen Angeboten.

Zu wenige Betroffene suchen und finden einen echten Neubeginn in der Kirche. Sie begegnen uns in der *Kasualpastoral* wieder. Dieses Buch soll den Menschen helfen, sich mit sich selbst und der Kirche neu zu versöhnen, indem es pointiert die *Schönheit* des christlichen Glaubens vorstellt und zwischendurch in „verträglichen, unaufdringlichen Dosen“ die Eckpunkte des kirchlichen Lebens und der katholischen Lehre in Erinnerung ruft: In sieben Abschnitten, unterteilt in *21 Katechesen*, werden die Hauptmerkmale des Glaubens beleuchtet. Sie können als *Transformationsprozess* in den Gemeinden betrachtet und diskutiert werden, um dann zur praktischen Umsetzung zu gelangen, ganz im Sinne der *Neuevangelisierung*.

Wiederholt hat Papst *Franziskus* auf die Bedeutung der Kirchenlehrerinnen und Europapatroninnen hingewiesen und eine stärkere Berücksichtigung ihrer Lehren eingefordert. Dieses Buch trägt dieser Anweisung Rechnung, indem die Kapitel jeweils mit betrachtenden Texten der heiligen Frauen eingeleitet werden, insbesondere aus dem Buch „Dialog“, der Lebensgeschichte „Legenda Major“ und den Briefen der Kirchenlehrerin und Europapatronin *Katharina von Siena* (von der alle angeführten Briefzitate stammen). Ergänzend kommen neben anderen Mystikerinnen zwei weitere Kirchenlehrerinnen (*Teresa von Avila* und *Therese von Lisieux*) und eine weitere Europapatronin (die Philosophin *Edith Stein*), alle drei aus dem Karmel, zu Wort. An die Betrachtungen schließen ein Résumée, Präzisierungen und ergänzende Ausführungen, unterbrochen durch kürzere oder längere Fragestellungen zur Selbstreflexion oder als Diskussionsgrundlage, vor allem für Ihre Erwachsenenrunde und Ihren Firmunterricht.

Heilige wie Katharina von Siena und die Mystikerinnen des Karmel können uns durch ihre Theologie und ihre Botschaften auch (und besonders) in unseren Tagen wirksam helfen,

- den Alltag mit all seinen Herausforderungen zu meistern und zu einer Ausgeglichenheit der Kräfte in unserem Leben zu finden;
- uns mit den digitalen Errungenschaften und Techniken sowohl im privaten, als auch im beruflichen Bereich so auseinanderzusetzen, dass wir sowohl diese gezielt nutzen, mit Maß und Ziel,
- zugleich aber im Sinne des Gleichgewichts der Kräfte lernen, uns von bestimmten Einflüssen abzugrenzen, die zu übermäßiger Belastung und Suchtverhalten führen können.

Vor allem die Lehre der hl.Katharina von Siena bietet uns in diesem Buch bisher ungenutzte, ja zuvor weitgehend noch unentdeckte Möglichkeiten, unseren Glauben auch im digitalisterten Alltag zu leben und so zu einem ausgeglichenen Leben in Frieden zu finden.

Neben den Hauptanliegen der Schönheit unseres Glaubens, Barmherzigkeit und Empathie soll das vorliegende Buch eines vermitteln: nicht lieblos „streng katholisch" ist das anzupeilende Ziel, sondern *ein liebevoll gelebter*

Glaube unter ständiger Wachsamkeit und mit dem nötigen Gebrauch unserer Gabe der Vernunft:

Gott zwingt nicht,
Gott hetzt nicht,
Gott liebt!

So ist auch dieses Buch nicht in einem Atemzug durchzuarbeiten (was neuen Stress bedeuten könnte). Vor allem der/die Einzelleser/in möge bitte sein/ihr ganz persönliches Tempo finden, und würde das für's erste auch nur bedeuten, Fotos und Bilder auf sich wirken zu lassen, um dann langsam zu beginnen, in den Text einzutauchen. Wichtig ist der allmähliche, innere Gewinn, ausgehend von einer bewussten Wahrnehmung der eigenen Seele als Ort, in dem Gott selbst wohnt.

Es ist mir eine besondere Freude, dieses Buch zum nunmehr zehnjährigen Bestehen des von mir gegründeten *Spirituell-theologischen Zentrums Katharina von Siena* als *Transformationsprozess für die pastorale Praxis,* beheimatet am *Referat für Spiritualität, Pastoralamt der Erzdiözese Wien*, herauszubringen.

Mögen die folgenden Seiten der Suche vieler Menschen nach echten Antworten entsprechen und ihnen innere Ruhe und Frieden schenken.

Wien, im Oktober 2018
Ihre Irene Heise

I.

Zur Einführung: Warum „Seel"- Sorge in der Kirche?

„Wisst ihr nicht, dass ihr ein Tempel des Heiligen Geistes seid?"

(1 Kor 6,19)

I.1. Unsere unsterbliche Seele

Neueste Erkenntnisse der Wissenschaft haben bei manchen Zeitgenossen Betroffenheit, ja Verunsicherung ausgelöst: Laut Entschlüsselung des genetischen Codes des Menschen gleicht dieser zu mehr als 99 Prozent dem des Affen! Nun vernimmt man zunehmend die Vermutung, wir Menschen wären vielleicht doch nur höher entwickelte Affen, zumal diese ebenso - wie übrigens andere Tiere auch - Gefühle empfinden und ihnen immer mehr kognitive Fähigkeiten nachgewiesen werden konnten.

Warum also das menschliche Leben noch als uneingeschränkt schützenswert einstufen, von seinem Beginn bis zum natürlichen Tod, in Krankheit, hohem Alter oder mit Behinderung? Wozu noch eine (Kosten verursachende) Grabstätte für unsere Verstorbenen unter Einsegnung der Verschiedenen durch den „Seel“-Sorger - wobei kurioserweise, parallel dazu, die Idee einer gemeinsamen Bestattung mit Hund Hasso, Katze Minka oder gar Wellensittich Fips immer mehr Zulauf findet?

Und doch gab es den einen, unergründlichen Augenblick, in dem Gott, der Schöpfer alles Sichtbaren und Unsichtbaren, den Menschen als sein ***Ebenbild*** geschaffen, seinem materiellen Leib eine ***unsterbliche Seele,*** eine ***Geistseele*** verliehen hat (Gen 1,26ff u. 2,7; Joh 11,26), eine Seele, welche mit dem unstillbaren Verlangen nach dem Ewigen Leben, in ewiger Liebe bei Gott, ausgestattet ist - ob es dem Einzelnen bewusst ist oder nicht, dass seine rastlose Suche nach Erfüllung und Liebe letztendlich eine Suche nach Gott ist. Eine Seele, die dem Menschen unter allen Geschöpfen eine ***einzigartige, unantastbare Würde*** verleiht und für deren Heil Gott selbst in Jesus Christus zu uns gekommen ist, um uns das Ewige Leben neu zu erwirken.

Nur der Mensch - Mann und Frau gleichermaßen - ist Partner/in Gottes, der/die mit Gott in lebendige Beziehung treten kann, ja zur Gemeinschaft mit ihm berufen ist und um derentwillen Christus selbst in seiner ***Kirche*** fortlebt und weiter wirkt, bis zu seiner Wiederkunft am Ende aller Zeiten. Eine Kirche als ***vergegenwärtigendes Zeichen des Heilswerks Christi*** wäre ohne „Seel"-Sorge daher völlig undenkbar, ja ein Widerspruch in sich.

Wir kommen also an unserer Seele nicht vorbei! Anlass genug, als ersten Schritt unsere unsterbliche Seele in uns aufzuspüren, einen „inneren Blick" zu riskieren für Gottes „***Wohnung***" in uns: „*Wenn einer mich liebt*", hat Jesus gesagt, „*wird er an meinem Wort festhalten; mein Vater wird ihn lieben, und wir werden kommen und bei ihm Wohnung nehmen*" (Joh 14,23)!

> **„Alle Herrlichkeit der Tochter**
> **des Königs ist im Inneren."**
> (Ps 45,14 bzw. hier: 44,14, Vulgata-Übers.)

I.2. Unsere Seele als innerster Raum der Gottesbegegnung

Vor allem große Frauengestalten in der Kirche können uns anleiten, uns unserer Seele mit Hilfe symbolträchtiger Bilder bewusster zu werden. Es lohnt sich, die Erfahrungen ***Katharinas von Siena*** jenen der Heiligen des ***Karmel*** gegenüberzustellen. Die Bilder, die sie alle für die Seele gebrauchen, gleichen sich nicht immer, umschreiben jedoch die selbe Wirklichkeit. Jede Leserin, jeder Leser möge bitte aus den folgenden Ausführungen jene Symbole näher betrachten und verinnerlichen, die geeignet sind, in seinem Inneren am klangvollsten nachzuhallen.

Das Herzstück in der Übereinstimmung *Katharinas von Siena* mit der Spiritualität des Karmel stellt zweifellos das Bild von der „***inneren Zelle***" beziehungsweise - nach Jesus selbst, wie wir soeben gesehen haben - der ***Wohnung*** dar, das Innewohnen Gottes in uns. „Den aus der Tiefe Lebenden ist die Zelle ein *Himmel...,* weil sie ihrem Schöpfer näher kommt und sich nichts zwischen Gott und die Seele schiebt." (Brief 203). Auch keine noch so große Betriebsamkeit kann ein Hindernis darstellen.

„Auf Eingebung des Heiligen Geistes" begann Katharina schon in jungen Jahren, in ihrem Inneren eine „Zelle" wahrzunehmen, in der sie Gott ungestört begegnen konnte: ihre Seele. Dies geschah, als die Familie sie aus ihrer eigenen Kammer ausgesperrt hatte im Bestreben, ihr ihre vermeintlichen Spinnereien, das intensive geistliche Leben, auszutreiben. Diesen geheimen, inneren Ort der Gottesbegegnung brauchte sie nie mehr, auch nicht irgend einer Arbeit wegen, zu verlassen; hier, in ihrer inneren Zelle, konnte sie immer, Tag und Nacht, im Herrn verweilen. Davon dürfen wir lernen!

Drei Kirchenlehrerinnen: Katharina von Siena (Heise), Teresa von Avila und Therese von Lisieux (mit Genehmigung des Teresianischen Karmels, Köln, Sr.Amata Neyer OCD)

An anderen Stellen spricht Katharina von der Zelle auch als *Haus* (Brief 94), als *Stadt* (Brief 28), als *Weinberg* (Brief 313) und - besonders interessant - als *Festung* (Brief 374) und sogar als ***Seelenburg*** (Brief 221). Denn *Teresa von Avila* wird zwei Jahrhunderte später sogar eines ihrer vier mystischen Hauptwerke ausführlich der *„Seelenburg"* widmen, der im Bild einer Burg dargestellten, inneren Wirklichkeit, bestehend aus sieben *Wohnungen*, in deren innerster Gott verborgen ist und in die es durch ständiges Bemühen um Vervollkommnung hinabzusteigen gilt.

Die *Zelle* begegnet uns auch bei *Elisabeth von der Dreifaltigkeit* wieder, und *Therese von Lisieux* weiß gleichsam um die Anwesenheit Gottes in ihrem Inneren, dem „großen Schatz in einem sterblichen *Gefäß*": „Wie immer schlummerte Jesus in meinem kleinen *Nachen*" (Autobiografische Schriften, 167).

Das Bild der inneren Zelle ist mehrfach biblisch gestützt. So hatten sich bereits *Petrus* und die anderen Jünger zehn Tage in eine Zelle (ein Haus) „wachend und in ständigem Gebet" zurückgezogen, bevor sie - gestärkt im Heiligen Geist - am Pfingsttag ihr apostolisches Wirken begannen. (Apg 1,13f). „Genauso müssen jene, die diese Vollkommenheit erreichen wollen, zehn Tage bleiben, das heißt, in den Zehn Geboten," spannt Katharina zusätzlich einen Bogen bis in unsere Tage. (Brief 94). Eine Betrachtungsweise des Pfingstereignisses, die unsere Aufmerksamkeit verdient!

Die Philosophin *Edith Stein* wird die Seele in ihrer phänomenologischen Doktorarbeit „Zum Problem der Einfühlung“ noch später als *Raum* definieren, in dem sich das „Ich“ als beweglicher Punkt befindet, welcher jedoch gebunden ist an den „***innersten Punkt***“, in dem Gott wohnt. Und auch sie spricht vom „Reich“ der Geistseele als *Haus* Gottes, in dem das Eigentliche des Menschen, das ihn vom Tier unterscheidet, zu finden ist.

Zwei Europapatroninnen: Katharina von Siena (Heise) und Edith Stein (mit Genehmigung des Teresianischen Karmels, Köln, Sr.Amata Neyer OCD)

Die Fähigkeiten der Seele können durch Übung ausgebildet werden. Vernachlässigen wir unsere seelischen Qualitäten, hat dies ein Abstumpfen, eine Beeinträchtigung unserer Menschenwürde zur Folge. Nur der Mensch, der „bei sich selbst zu Hause“ ist, besitzt die

„*gesammelte Kraft*", vermag sich selbst ganz für Gott und die Menschen einzusetzen und sich wahrhaft hinzugeben (I.Heise, Einfühlung bei Edith Stein, 28f).

Die Seele hat letztendlich ***drei Aufgaben***:
die geschaffene Welt zu erkennen,
ihre Berufung darin wahrzunehmen
und demgemäß darin zu wirken.

Je näher ich „bei mir" bin, umso näher bin ich auch Gott und seinen Erwartungen an mich. So ist es meine lebenslange Aufgabe, hineinzugehen in das Reich meiner Seele, sie „in Besitz zu nehmen."

Staunen wir nicht manchmal, was Menschen, die aus einer tiefen Spiritualität heraus handeln, zuwege bringen, während vielen von uns bei den ersten Schwierigkeiten oft schon die Kraft auszugehen droht?

"In der Zelle erwartet die Seele mich,
der ich dieses Liebesfeuer bin.
Nicht in Müßiggang, sondern in Wachen
und heiligem Gebet,
um die bösen Gedanken aus dem Herzen
zu reißen und darin
die Zärtlichkeit meiner Liebe zu bewachen.

(Christus zu Katharina von Siena
(Dialog, Kap.63)

1.3. Aktiv werden, um Gott zu begegnen

Wie wir in den Evangelien immer wieder sehen können, gibt es bei Jesus keine Zwangsbeglückung. Er lädt ein, möchte aber zugleich, dass auch jene, die ihm begegnen, *aktiv werden*, ihre ***Bitte*** an ihn richten (etwa um Heilung von offensichtlicher Krankheit und Behinderung) und ihren ***Glauben*** bekunden: „Glaubst du…?“ So sollen auch wir Gott um Erleuchtung und tiefere Erkenntnis ***bitten***!

Es gilt also, im ***Gebet*** Gott beständig vor Augen zu haben. „Zieht Euch zurück in die Zelle in heiliger Betrachtung… Seid klug in allem und stellt Euch immer Gott vor Augen! Was immer Ihr zu tun oder zu sagen habt, das wiederholt zuerst im Gebet zwischen Gott und Euch.“ (Brief 267). Jedem Tun sollte das Gebet vorausgehen; Gebet und Aktion sollten eine Einheit bilden, was nur möglich ist, wenn wir in unserem Innersten bei Gott zu verweilen trachten, auf ihn lauschen und aus dieser Gottesbegegnung heraus handeln. Wahrhaft fruchtbares Apostolat setzt ein Wirken aus dieser Tiefe voraus.

Zusammengefasst sehe ich darüber hinaus ***vier konkrete Wege, Zugang zu unserer Seele zu finden:***
die regelmäßige Betrachtung der Heiligen Schrift und guter christlicher Literatur,
die Überprüfung des eigenen Werdegangs,
der Kontakt zu anderen Menschen (auch gute seelsorgerliche Betreuung),

die wissenschaftliche Erforschung der inneren Welt (Psychologie, Philosophie).

Zellentür ins Licht (Heise)

Für jeden Menschen mag der Schwerpunkt woanders liegen, je nach Neigung und Eignung.

Der Glaubensweg ist in ***Beharrlichkeit*** zu gehen, wie Katharina nicht müde wird, zu betonen. Und sie verspricht, dass Gott uns dafür mit seiner ***Gnade*** belohnen und stärken wird. Die Gnade bedeutet das ***Segel*** unserer Seele, das uns im geistlichen Leben weiterkommen, ja uns

„hinaufschwingen“ lässt. (Brief 259). Im Ausnahmefall spricht Katharina auch von ***Entschlossenheit***, die nötig ist und die in den Werken *Teresas von Avila* eine herausragende Rolle spielt (wobei sie beide jeweils dasselbe Anliegen transportieren): „Wir brauchen keine Angst zu haben, wenn wir entschlossen sind.“ (Brief 257). „Entschlossen“ wirft sich auch *Therese von Lisieux* „wie ein Sturzbach in den Ozean“ der Liebe Gottes (Autobiographische Schriften, 270).

Ein „Ausschwärmen“ aus unserer inneren Zelle würde eine innere Leere nach sich ziehen, Zerstreuung und Nachlassen des spirituellen Eifers. (Brief 370). Deshalb sollen wir trachten, den ***„inneren Spiegel“*** unserer Seele immer wieder zu reinigen; uns befreien von sündhaften, aber auch von „nur“ ablenkenden „Verstrickungen“, die uns hindern, zum Zentrum unserer Seele fortzuschreiten. Ja, die Befreiung von solchen Verstrickungen - dem falschen Umgang mit den Mitmenschen und den Dingen, Unrast und Lärm - ist Voraussetzung für die Begegnung mit Gott (I.Heise, Einfühlung bei Edith Stein, 29). Der “innere Spiegel“ bedeutet unsere bewusste Rückbindung an den Willen Gottes, an die Zehn Gebote, an das Evangelium.

Gottes Stimme ist sanft und leise, jedoch unbeschreiblich beglückend und Frieden schenkend. Je tiefer der Mensch aus seinem Inneren heraus lebt und wirkt, umso stärker wird seine Ausstrahlung, die auch unser Äußeres prägt und vergeistigt. So wünscht sich *Katharina* die Kardinäle gar als „Spiegel der Kirche“, in dem sich die Gläubigen einen Widerschein dessen erwarten, was und wie sie sein sollen!

Es ist uns in unserem Bemühen um Innerlichkeit eine große Hilfe zur Seite gestellt: Maria, die Mutter Gottes, auch sie ist in unserer inneren Zelle zu finden. Und sie ist für uns das beste Beispiel für gelebte Innerlichkeit, wie uns das Evangelium lehrt: „Seine Mutter bewahrte alles, was geschehen war, in ihrem Herzen“ (Lk 2,51). „Geht zuerst in Eure Zelle zu Maria… um dort demütig zu beten. Und dann geht voll Zuversicht und tut, was Ihr könnt, zur Ehre Gottes und zum Heil der Seelen“, rät Katharina (Brief 267). Doch auch sie selbst und die anderen Heiligen freuen sich, wenn sie uns tatkräftig zur Seite stehen dürfen!

> **„O selige, liebreiche Maria! Du hast uns die Blüte des geliebten Jesus geschenkt.“**
>
> (Brief 144)

Noch eine Hilfe hat Gott für uns vorgesehen: unser ***Gewissen***! Katharina empfiehlt, „an den Eingang“ unserer inneren Zelle den „*Wachhund des **Gewissens***“ zu setzen, der sofort zu bellen beginnt, sobald *Feinde* in unser Herz eindringen wollen: schlechte Gedanken und Versuchungen aller Art. Im Rahmen einer guten Seelsorge können wir unser Gewissen immer wieder überprüfen und weiterbilden. Wagen wir den Schritt!

1.4. Und wenn wir nichts empfinden?

Auch *Katharina* kannte Versuchungen und Mutlosigkeit! Dank ihrer Briefe, ihrer beiden, minutiös präzisen Lebensberichte, sowie des Ergänzungsbandes „Supplementum“ erhalten wir auch darüber Kenntnis. Wenn sie als Frau in der Kirche des Mittelalters einmal Schwierigkeiten mit der Kommunionerlaubnis hatte und den Mut zu verlieren drohte, erinnerte Gott sie in einer Vision: „Meine Tochter, wohin willst du fliehen? *Weißt du nicht, dass deine Seele meine Wohnung ist?* Wohin du auch gehst, wirst du mit mir sein, wie ich mit dir bin.“ (Supplementum, 123). Das gilt auch für jede und jeden von uns, wenn wir im Gebet nichts spüren oder sogar über einen längeren Zeitraum hinweg nur „Trockenheit“ erfahren.

Ein anderes Mal, als Katharina in Stunden leidvoller Prüfung die spürbare Tröstung Gottes vermisst hat, fragt sie Christus in einer visionären Begegnung: „Wo warst du, mein Herr, als mein Herz... so gequält war?“ Jesus gibt ihr darauf zur Antwort: „Ich war in deinem Herzen.“ Selbst Katharina ist darüber sehr erstaunt, wie wir erfahren! (Legenda Major, 156).

Kaum ein Mensch ist von Erfahrungen geistlicher Dürre, vor ***Nachterfahrung***, gefeit! „Gott schenkt Trost und Tränen, Freude und Angst, Licht und Nacht zugleich“, sagt Katharina in ihrem Buch „Dialog“. In der „Nacht des Geistes“ kennt sie nur einen Anker: die Vereinigung mit dem Willen Gottes. Dann findet sich der Mensch auch in den dunkelsten Nächten zurecht. Die Nachterfahrung finden wir ebenso bei *Johannes vom Kreuz* (in seiner „Dunklen Nacht der Seele“, aus Erfahrungen im Gefängnis von *Toledo* erwachsen) und *Edith Stein* (im Angesicht ihres gewaltsamen Todes als gebürtige Jüdin) wieder: „Herr, stürmisch sind die Wellen und dunkel ist die Nacht. Willst du sie nicht erhellen für mich, die einsam wacht?“ (aus Ediths Gedicht „Das Lebensschifflein“). Da gibt es nur eine Devise: Durchhalten im Bewusstsein, dass vor Gott das Bemühen, die Treue zählen. Glücksgefühle im Gebet sind nicht wichtig!

> **„Selbst in der Nacht dieses dunklen Lebens geht der solcherart Gestärkte mit dem Licht.“**
>
> (Brief 36)

Durch ein waches Gewissen wird unsere Seele gefestigt, und wir brauchen Versuchungen nicht zu fürchten! Wir „spüren, dass diese Burg durch Gottes Gnade fest steht“, tröstet uns Katharina (Brief 335). In dieser inneren Burg, unserer Zelle, finden wir Schutz; wenn wir sie „immer zu bewohnen“ trachten, können uns Feinde (Anfechtungen aller Art) nichts anhaben. (Brief 373). In unsere Zelle können wir immer flüchten und „unseren Geist füllen“. (363).

Das Reich Gottes „in uns“ (vgl. Lk 17,21) - welch wunderbares Glaubenswissen! „Steigen wir also hinab in die

Tiefe des *Brunnens*!“ (Brief 41), denn hier, in der Zelle der Güte Gottes und der Lobpreisung des göttlichen Namens, erwartet uns auch „das ***Bett*** für unsere *innere Ruhe*... Bleibt in diesem ***Ruhebett***!“ (Brief 183).

Wie viel Zärtlichkeit Gottes liegt in dieser Verheißung! Wie viel Trost! Nur in Gott findet unser Herz Ruhe, unser Verlangen nach Liebe Stillung, unsere Sehnsucht nach Frieden Erfüllung.

Burgruine Johannstein, Sparbach, bei Wien (Heise)

Résumée und eine erste Checkliste

1. Uns Menschen zeichnet eine unsterbliche Geistseele aus, auf den Leib fundiert, in der Gott wohnt.

Glaube ich daran?

2. Je mehr wir uns des Innewohnens Gottes bewusst zu werden trachten, desto mehr entsprechen wir der in uns grundgelegten Ebenbildlichkeit Gottes, die uns wesentlich vom Tier unterscheidet, und

3. umso mehr entwickeln wir die „gesammelte Kraft“, die uns zur Hingabe an Gott und unsere Mitmenschen befähigt.

Habe ich schon Mut gefasst, mich darum zu bemühen?

4. Gott möchte, dass wir ihn um seine Gnade bitten und dass wir

5. beharrlich und entschlossen vorgehen in ständiger Rückbindung auf den Willen Gottes.

Suche ich das Gespräch mit Gott beharrlich, oder bete ich nur in Notzeiten?

Beschäftige ich mich mit der Heiligen Schrift, mit guter christlicher Literatur?

6. Maria, die Mutter Gottes, und alle Heiligen können uns Beispiel, Hilfe und Trost in Schwierigkeiten sein.

Habe ich mich schon Maria, der Mutter Gottes, anvertraut?

Gibt es eine Gestalt unter den Heiligen, die mich anspricht, an der ich mir ein Beispiel nehmen kann und die ich um Fürsprache und Beistand anrufe?

Vergesse ich in der Anrufung Mariens, der Heiligen und Engel nie darauf, dass Anbetung allein Gott gebührt?

Verhalte ich mich - etwa auf einer Wallfahrt oder Prozession - nicht missverständlich dahingehend, dass Außenstehende fälschlich meinen könnten, Katholikinnen und Katholiken würden auch Heilige anbeten?

Ist mir bewusst, dass die Heilige Schrift nur die Namen dreier Engel kennt: der Erzengel Michael, Gabriel und Rafael?

Weiß ich, dass die Engel - im Unterschied zu den Heiligen - reine Geistwesen sind?

Rufe ich meinen Schutzengel an?

7. Spirituelle Dürreperioden und Anfechtungen aller Art brauchen wir nicht zu fürchten, sie sollen uns nicht entmutigen; einem (nur vermeintlichen) Rückzug Gottes durch Verlust spürbarer, geistlicher Freude ist mit Gelassenheit und Beharrlichkeit zu begegnen.

Lasse ich mich schnell entmutigen?

Suche ich in der Begegnung mit Gott nicht seinen Willen, sondern eher innere Befriedigung durch Glücksgefühle?

Regenbogen im Sonnenlicht (Heise)

II.

Gott in unserem Leben neu entdecken

„Ich bin
das Licht der Welt."

(Joh 8,12)

II. 1. Unser Licht des Glaubens

Folgen wir Katharina von Siena auf dem Weg in der Kirche, finden wir uns als „Wanderer“ und „Pilger“ wieder - die einen auf dem „Weg der Gebote und der gewöhnlichen Liebe“ (in der Kirche vereinfacht als „Laien“ bezeichnet), die anderen, geistlichen Standes, auf dem „Weg der Räte“. Alle benötigen das ***Licht***, das die „Finsternis der Unwissenheit“ vertreibt und uns die *Wahrheit*, die Gott selbst ist, vollkommener erkennen lässt. (Briefe 322 u. 455).

Caterina unterscheidet zwei „Arten“ des Lichtes, das Gott den Menschen verliehen hat: Das erste, ***„allgemeine, natürliche, unvollkommene Licht“*** wohnt in jedem Menschen, der in der „allgemeinen Liebe“ lebt. Es befähigt den Menschen, die vergänglichen Dinge der Welt zu erkennen, sich in der Welt und der Gesellschaft zurecht zu finden.

> „Mit dem Licht des heiligsten Glaubens erkennen wir.“
>
> (Katharina von Siena, Brief 154)

Das *„allgemeine, natürliche, unvollkommene Licht“* ist Voraussetzung für das ***„zweite, übernatürliche Licht“***, das Licht des Heiligen Geistes. Notwendig zum Erfassen des übernatürlichen Lichtes ist unser ***„Geistesauge"***, auch *„Auge des Verstandes"* genannt. Es ist unser unsichtbares, „drittes Auge". Vielleicht haben wir schon manchmal, wenn wir uns meditativ in eine Schriftstelle hineinversetzt, intensiv gebetet haben, eine Ahnung davon bekommen, dass es abseits unserer leiblichen Augen noch ein solches, drittes Auge geben könnte? Dann sind wir nicht falsch gelegen! So fordert Gott von Katharina gleich zu Anfang ihres Buches, dem „Dialog von der göttlichen Vorsehung": „Öffne das Auge deines Geistes und schau in mich." (Kap.1).

Wie kommen wir zu diesem übernatürlichen Licht? „Wenn wir unser Leben gewissenhaft, nicht nachlässig, führen, dann werden wir auch das zweite Licht gewinnen." (Brief 201). Die Gnade des vollkommenen Lichtes zur Erkenntnis von Gottes Willen und zur Klugheit der rechten Unterscheidung ist also auch von unserem *Bemühen* abhängig.

Und wie manifestiert sich dieses zweite Licht in unserem Leben? „Wir erkennen das zweite, übernatürliche Licht in einem *Anreiz, die Tugenden zu umarmen* und sie *lebendig werden* zu lassen". (Dialog, Kap.98). Unser Interesse am Guten wächst, eine innere Freude daran, nach dem Willen Gottes zu leben, unsere sündhaften Neigungen („Laster") zu bekämpfen, Verhärtungen unseres Herzens mit guten („tugendreichen") Handlungen aufzulösen und zu heilen.

So ist das übernatürliche Licht zugleich *„Licht des Glaubens“* und *„Licht der Erkenntnis“*, es *thront auf unserem* ***Gewissen*** und ist wesentlich für die ***Gabe der Unterscheidung***: „Ohne das Licht würden wir von der Finsternis (dem Bösen) getäuscht werden, Weiß erschiene uns als Schwarz und Schwarz als Weiß. Daher benötigen wir unbedingt das Licht.“ (Brief 315).

Die "Standard-Stars" Irene und Dieter Heise, Minoritenkirche Wien (S.Chocianowski)

Wer das vollkommene Licht hat, erkennt somit die eigene Schwäche, *begegnet jedoch dem Nächsten mit barmherziger Liebe*! Denn das Licht ist nicht nur notwendig zum *Auseinanderhalten* (also der Unterscheidung) *von Tugend und Sünde*, es verleiht „das Geschenk von *Stärke* und *Barmherzigkeit*." (Brief 169A).

Was bedeutet dies alles für unser „Geistesauge"? Auch unser Geistesauge besitzt eine ***Pupille***, den ***„Augenstern" des Glaubens***! Es gilt, die Pupille unseres Geistesauges rein zu erhalten, indem wir immer wieder unser ***Gewissen erforschen***, ob die Pupille nicht getrübt ist durch das „Tuch des Unglaubens" und ungesunde Eigenliebe. Selbstsüchtig-sinnliche Leidenschaft entzieht uns das Gnadenleben. Sie schwächt unseren Verstand und unser Gemüt, denn sie ist wie eine *Wolke* über der Pupille." (Brief 287A). Dabei sind auch die „lässlichen" Sünden gemeint, die wir oft nicht Ernst nehmen, auch sie schwächen unser Licht und damit unsere innere Geneigtheit zum Guten. Hier wurzelt die Notwendigkeit zur ***regelmäßigen Beichte*** - einmal im Jahr kann nicht ausreichen, um uns aus den Nebeln unserer Geneigtheit zur Sünde zu befreien und uns dem ganz persönlichen Anruf Gottes in immer neuen Anfängen, entschlossen und beharrlich, zu stellen. Wir würden uns immer wieder verirren und an unseren Abwegen letztendlich unnötig zu leiden haben.

Mehrmals konkretisiert Katharina: „Wenn die Pupille getrübt und verdunkelt ist, hat unser geistiges Auge kein

Licht und kann daher nicht sehen. Wenn wir aber nichts sehen, können wir auch die Wahrheit nicht erkennen. Wir müssen daher diesen Nebel beseitigen, damit die Sicht klar bleibt." Und sie empfiehlt erneut das regelmäßige *Einbekennen der Schuld* in der *Beichte* und verweist auf das „Übermaß der uns erwiesenen göttlichen Güte." (Brief 173).

Das betrifft selbstverständlich auch die Amtskirche! Gleich drei italienische Kardinäle ermahnt Katharina „Lichter auf dem Leuchter zu sein, um die Christgläubigen zu erleuchten und den Glauben zu verbreiten. Ihr werdet schon wissen, ob Ihr dieser Euch gestellten Aufgabe gerecht geworden seid. Leider nicht!... Die Wahrheit ist, dass Ihr nur dazu in diesen Garten der heiligen Kirche eingepflanzt wurdet, um Kraft und Licht zu spenden." (Brief 310).

> "In ihm war das Leben, und das Leben
> war das Licht der Menschen.
> Und das Licht leuchtet in der Finsternis,
> doch die Finsternis
> hat es nicht ergriffen." (Joh 1, 4-5)

„Aus deinem Licht empfing ich das Licht", ruft Katharina in Ekstase aus, „Du, Licht, achtest nicht auf meine Finsternis; du, Leben, ließest dich von meinem Tod (hier: der Neigung zur Sünde) nicht abhalten, noch schreckte dich, Arzt, meine arge Gebrechlichkeit, dich, ewige Reinheit... Dreifaltigkeit, je tiefer ich mich in dich verabgründige, desto inniger finde ich dich, und je inniger ich dich finde, desto tiefer suche ich dich." (Dialog, Kap.167)

Résumée und Anstöße zur Selbstreflexion

Um uns in der Welt zurechtzufinden, in der wir leben, sind wir Menschen mit dem „allgemeinen, natürlichen, unvollkommenen Licht" ausgestattet.

Ein zweites, „übernatürliches Licht" wird uns auf Grund unseres „dritten Auges", des „Geistesauges", geschenkt. Es fördert unsere Beziehung zu Gott, unsere Unterscheidungsgabe zwischen Gut und Böse (auch bei uns selbst!), zwischen Tugenden und Lastern, und macht uns zunehmend geneigt zum Guten und zu den Tugenden: *Glaube, Hoffnung und Liebe* als die *drei göttlichen Tugenden*, sowie Demut und Geduld.

Um das übernatürliche Licht in uns erstrahlen zu lassen, bedarf es unseres Bemühens!

Die Lichtverschmutzung auf unserem Planeten nimmt zu; fast überall werden wir durch künstliches, gleißendes Licht angestrahlt, Lichtblitze und grelle Farben in Fernsehen, Werbung und bei Veranstaltungen ziehen unsere Aufmerksamkeit unweigerlich in ihren Bann: Bemühe ich mich ernsthaft um Zeiten der

Stille im Alltag, um dem sanften, übernatürlichen Licht Raum zu geben?

Schaffe ich es, mir von meinem Smartphone Auszeiten zu verschaffen, mein Handy abzuschalten, auf den rastlosen Austausch von Nachrichten und Selfies zu verzichten, um die leise, innere Stimme Gottes vernehmen zu können?

Habe ich schon einmal überlegt, ob mir die vielen „Freunde“ in meinem sozialen Netzwerk nicht zu viel wertvolle Zeit und seelisch-geistige Kraft rauben? Brauche ich überhaupt ein Profil in diesem Netzwerk?

Abendliche Gewitterstimmung über dem Gallitzinberg, Wien 16 (Heise)

Wir tun gut daran, die „Pupille“ unseres Geistesauges rein zu erhalten durch regelmäßige Gewissenserforschung und das Sakrament der Buße in der Beichte.

Nehme ich mir täglich Zeit für eine Gewissenserforschung?

Wann habe ich zuletzt gebeichtet? Habe ich für meine Beichten mein ganz persönliches Zeitintervall gefunden?

Neben Katharina von Siena haben auch viele andere Heilige die Bedeutung des übernatürlichen Lichtes erfahren, wie etwa *Elisabeth von der Dreifaltigkeit* das „*Licht der Anschauung Gottes*“, das uns auf Grund unseres Geistesauges Anteil an Gottes ewigem Licht gewährt, uns den richtigen Weg zeigt und uns auf unseren Schritten leuchtet (A.Sagardoy, Harmonien für Gott, 15).

Das übernatürliche Licht ist kein grelles, blendendes; die deutsche Mystikerin *Mechthild von Magdeburg* spricht von einem sanften, „*fließenden* Licht“ der ewigen Gottheit, das „seine Gnade nicht zu halten vermag“ (Mechthild von Magdeburg, Ich tanze, Herr, wenn du mich führst, 9).

Vermag ich in meiner „inneren Zelle“ Spuren des übernatürlichen Lichtes zu erahnen? Habe ich schon Worte gefunden, Gott darum zu bitten?

Oder weiche ich lieber in virtuelle Scheinwelten aus, vielleicht gar mittels einer VR-Brille?

Was ist „VR", „Virtual Reality"? Durch ein im Computer simuliertes, weitläufiges Panorama wird *dem Gehirn eine nicht existente Realität vorgetäuscht*, so dass der Mensch *aus jeder natürlichen, geistigen und spirituellen Realität „aussteigt"*. Er ist also *für seine Umwelt* - obwohl für die Anderen physisch anwesend! - *nicht mehr erreichbar*. Ein unvorstellbares Szenario, würde VR in den Alltag unserer Familien unkontrolliert Einzug halten, wo doch schon „einfache" Kopfhörer die Kommunikation oft sehr beeinträchtigen (wovon viele Eltern ein Lied singen können)! Abgesehen von der rein optischen Irritation eines Kindes mit VR-Brille, in unkontrollierte, für die Umwelt nicht nachvollziehbare, wankende Bewegungen vertieft: Niemand weiß zu sagen, welche Auswirkungen VR dauerhaft auf unser Gehirn, auf die Wahrnehmung, ja den Realitätssinn des Menschen überhaupt haben wird.

„Ohne dieses Licht
könntet Ihr nicht erkennen,
sondern würdet
aus lauter Unkenntnis
und Undankbarkeit
vertrocknen."

(Katharina von Siena, Brief 2)

II.2. Selbsterkenntnis als Weg zu einer neuen Innerlichkeit

Eigentlich könnte uns der Weg zur Reinigung der *Pupille* unseres *Geistesauges* schon geläufig sein, hat er doch längst Eingang gefunden in unseren täglichen Sprachgebrauch:

„***Selbsterkenntnis*** ist der erste Schritt zur Besserung!"

Um zu einer Heil bringenden Einstellung Gott und den Mitmenschen gegenüber zu gelangen, ist es vorrangig, unsere „***ungesunde Eigenliebe***", die egoistische Selbstsucht (nicht zu verwechseln mit gesunder, vernünftiger Selbstliebe!), durch ein *stetes Bemühen um Selbsterkenntnis* zu bekämpfen.

Voraussetzung ist ein ***gänzliches Sich-Öffnen für Gott,*** „das „*Geistesauge*" zu weiten. Dabei erkennen wir, dass wir „nichts" sind ohne Gott (haben wir das schon bedacht?) und daher Dinge tun, die „nichts" sind (ohne Bedeutung vor Gott oder gar sündhaft). Zugleich mögen wir erkennen, wie groß die unendliche Güte Gottes ist. (Brief 52). Besonders empfiehlt Katharina von Siena dabei die *Betrachtung der Menschwerdung Jesu:* „Du siehst das sanfte und liebreiche Wort Gottes (Jesus) in einem Stall zur Welt kommen, um Euch zu zeigen, dass Ihr stets im ***Stall*** *der Selbsterkenntnis* neu geboren werden müsst." (Dialog, 151). Ein berührender Vergleich!

Bei Katharina finden sich noch mehr Gleichnisse für die Selbsterkenntnis. Es gilt, das „***Holz***“ der Selbsterkenntnis nachzulegen, „denn dieser Brennstoff nährt das Feuer der göttlichen Liebe“ in uns (Brief 219). So werden wir „im ***Glutofen*** der göttlichen Liebe erglühen“, da diese Liebe die „modrige Feuchte der Eigenliebe“ (unseres Egoismus) verzehrt (Brief 322). Zugleich hat der Mensch in der Selbsterkenntnis seinen „***Ruheplatz***“. (Brief 154). Durch Leiderfahrungen, die uns im Leben begegnen, wird die Selbsterkenntnis gestärkt (Brief 211). Tragen wir uns auferlegtes Leid in Geduld, „bedienen“ wir uns zugleich im „***Laden***“ der Selbsterkenntnis zu unserem Heil. (Brief 37). Bilder, die es wert sind, dass man sie einzeln betrachtet.

„Das Reich Gottes
ist in euch.“
(Lk 17,21)

Nur in der Selbsterkenntnis findet sich die Wahrheit über die Existenz des Menschen und seine Geschöpflichkeit vor Gott, nur sie kann wahren, inneren Frieden verleihen. Der gesammelte Blick auf Gott *in einer Gewissenserforschung* ist überall möglich: im sakralen Raum eines Kirchengebäudes gleichsam wie im eigenen Heim, inmitten einer blühenden Frühlingswiese oder auf einer Bergwanderung, notfalls sogar mitten im Alltagstrubel oder am Arbeitsplatz! Denn wir vermögen unser ***Haus*** der

Selbsterkenntnis überall hin mitzunehmen, ähnlich der ***Schnecke*** in unserem Garten. Ein treffendes Bild!

Im Gegensatz zu einer weit verbreiteten Meinung bedarf es *keinerlei Techniken*, keiner speziellen Meditationsweisen, keiner besonderen Körperhaltung. Auch wenn diese in der Kirche vermehrt angeboten werden, oft entliehen aus anderen Religionen. Das einfache In-mich-Gehen ist genug! Das ist alles, was Gott von uns möchte. Und er wird uns in einer im Inneren unserer Seele als beglückend empfundenen, liebevollen Umarmung entgegenkommen.

Hain-Bänderschnecke (Heise)

Und wenn wir die Selbsterkenntnis vernachlässigen? Auch hier passt das Bild von der Schnecke mit Haus ausgezeichnet: Wie das „Ausschwärmen“ aus ihrem Haus für die Schnecke den Tod bedeuten würde, zieht ein Nachlassen unseres Eifers innere Leere, Zerstreuung, eine Abnahme des spirituellen Eifers und schlussendlich das Erkalten des Verlangens nach Gott und eine allmähliche Verdunstung (den „Tod“) des Glaubens nach sich! (Brief 37). Ein sehr anschaulicher Vergleich für das, was wir sicher nicht wollen!

Für Menschen (vorrangig geistlichen Standes), denen es an Bemühen um Selbsterkenntnis fehlt, hat Katharina harte Worte: „Wie verblendet, sehen sie nicht, wie sie selbst das werden, zu dessen Sklaven sie sich machen: zu einem Nichts, da sie sich losgelöst haben von Gott, der allein das Sein in absoluter Fülle ist. Sie sind das deshalb geworden, weil sie nicht im Haus der Selbsterkenntnis geblieben sind.“ (Brief 334).
Daraus folgt für uns erneut: *Beharrlichkeit und Konsequenz sind nötig!*

Liebevoll (und zugleich originell!), wie Katharina uns Mut machen will, wenn sie einen Auferstehungsbericht aufgreift und ihm eine neue Deutung verleiht: „Geht hinein in die ***Grabkammer*** der Selbsterkenntnis und fragt mit *Maria Magdalena*: ‚Wer wird mit mir den Stein des Grabes wegwälzen? Denn die Schwere des Steines (das heißt, die Schuld der Sünde) ist so groß, dass ich ihn nicht bewegen kann’. Und sobald Ihr bekennt und die Schwere und Unvollkommenheit beichtet, werdet Ihr zwei Engel sehen, die diesen Stein wegwälzen. Mit einer wahren Hoffnung und einem lebendigen Glauben verlässt man nicht das Grab der Selbsterkenntnis. Haltet dort vielmehr *beharrlich* aus, bis Ihr den auferstandenen Christus durch die Gnade in Eurer Seele findet... Sobald Christus in der Seele erscheint und fühlbar wird, lässt er es zu, dass Ihr ihn mit demütigem und ständigem Gebet auch *berühren* könnt. Dies ist der Weg, einen anderen gibt es nicht." (Brief 173, in Anlehnung an Joh 20,1; 11-18).

Es lohnt sich also, im Haus der Selbsterkenntnis zu wohnen, entschlossen, beharrlich, ja konsequent den Willen Gottes zu suchen, sich zu „*spiegeln*" im Willen Gottes!

„Dieses Heilmittel besteht darin,
einzusehen, dass wir aus uns nichts sind,
dass die Güte Gottes in uns wirkt
und dass unser Sein und jede Gnade,
die unserem Sein verliehen wurde,
von Gott stammt."

Katharina von Siena (Brief 2)

Résumée und Anstöße zur Selbsteinschätzung

Allein durch die Selbsterkenntnis können wir zu neuer Innerlichkeit und damit zu einer Glaubenserneuerung (und gegebenenfalls zu einer Versöhnung mit der Kirche) finden. Sie bedeutet ein gänzliches Sich-Öffnen Gott gegenüber, der in meiner „inneren Zelle" wohnt. Spezielle Techniken sind nicht nötig!

Pflege ich die regelmäßige Einkehr zur Selbsterkenntnis?

In der Selbsterkenntnis werden wir im Blick auf Gott unserer Geschöpflichkeit und ihrer Grenzen bewusst. Zugleich erkennen wir unsere eigene Begrenztheit, Sündhaftigkeit und Fehleranfälligkeit und lernen, unsere „ungesunde Eigenliebe" zu bekämpfen.

Entspricht mein Verhalten einer gesunden Selbstliebe als Geschöpf Gottes mit einer unsterblichen Seele?

Die Selbsterkenntnis ist einerseits ein „Ruheplatz" in unserem Alltag, zugleich bedeutet sie einen offenen „Laden", in dem uns Gott mit seiner Liebe und Gnade reichlich zu bedienen weiß. Dadurch vermögen wir allmählich den Anspruch Gottes an uns, unsere persönliche Berufung im Alltag, zu erspüren, zu vertiefen und zu leben.

Habe ich das Gefühl, in innerem Frieden „bei mir“ zu Hause zu sein und in meiner ganz persönlichen Berufung zu leben und zu wirken?

In unser „Haus“ der Selbsterkenntnis können wir uns immer zurückziehen, da es uns immer und überall zur Verfügung steht, um unser Herz im „Glutofen“ der göttlichen Liebe zu erwärmen. Und wir erfahren die wahren Proportionen unserer guten Taten wie auch unserer Fehler.

Bin ich nachlässig in meinem geistlichen Leben und schiebe ich dann die Schuld für Fehler und Versagen kurzschlüssig Anderen oder der Kirche als Institution zu?

Oder bin ich voller Angst, trotz aufrichtigen Bemühens nie genug zu tun für mein geistliches Leben und für Gott? Fürchte ich dafür gar den Zorn Gottes? Benötige ich in diesem Fall nicht umgehend seelsorgerliche Hilfe, um Skrupeln und aufkeimender Zwanghaftigkeit entgegenzutreten?

Vernachlässigen wir das Bemühen um Selbsterkenntnis (Gewissenserforschung, Beichte), vermögen wir uns und unseren Standort, Gott und die Mitmenschen, wie auch unsere eigenen Fähigkeiten bald nicht (mehr) richtig einzuschätzen. Dies führt zu Täuschungen, falschen Handlungsmotivationen und Fehlplanungen in unserem Leben. Und schließlich zu einer Entfremdung vom Glauben und von der Kirche.

Komme ich mir gar besser vor als Andere, so dass ich meine, eine Selbsterkenntnis nicht nötig zu haben, weil ich ohnehin ein „guter Mensch“ bin?

Chrysantheme (Heise)

Spezielle Meditationstechniken außerhalb der Kirche zur „Selbstfindung“ genießen viel Zulauf. Wie schon der Name sagt, zielt *Selbst*findung nicht auf die Begegnung mit dem persönlichen Gott ab, sondern letztendlich auf das eigene „Selbst“. Dies wird früher oder später sogar zur Gefahr: Da im meditativen Prozess (etwa im ständigen Wiederholen von Begriffen) nicht Gott als Zentrum in der Seele gesucht wird, findet statt dessen eine, die Sinne letztendlich strapazierende Konzentration auf das eigene Ich statt. Anfängliche „Lichterfahrungen“ münden bald in das Gegenteil von Gotteserfahrung: Selbst*herrlichkeit* statt Selbst*erkenntnis* (eine „höhere Bewusstseinsebene“ erreicht zu haben), ein bald suchtartiges Streben nach Gottebenbildlichkeit - die Ursünde schlechthin. (E.Lorenz, Vom Karma zum Karmel, 107).

Wir folgern: Christliche Selbsterkenntnis im Blick auf Gott führt im Gegensatz dazu zu *mehr Demut, einer guten, maßvollen und realistischen Selbsteinschätzung sowie einem gesunden Selbstwertgefühl.*

Liebäugle ich lieber mit esoterischen Angeboten und nichtchristlichen Meditationskursen, als auf echte Gottesbegegnung mit dem persönlichen Gott zu setzen?

Durch nichtchristliche Meditationstechniken kann es schließlich zu einem allmählichen Abdriften aus dem Alltag kommen, aus Familie und Beruf. Es beginnt mit einem Verlust des Zeitgefühls während der Sitzungen und mündet in bewusste Versuche, selbst*herrlich* in die Naturgesetze einzugreifen (Schweben). „Bei der Rückkehr in den Alltag... nützte alles vorsichtige ‚Herunterdrehen‘ nichts, der Kreislauf war aus den Fugen! Einerseits hätte ich die Meditationen auf dem Berg ein Leben lang fortgesetzt, andererseits fühlte ich mich den einfachsten Anforderungen des praktischen Lebens nicht mehr gewachsen“ (Lorenz, 98f). „Die Rückkehr in den Alltag war wirklich schwierig, weil die langen und tiefen Meditationen meinen Herzschlag und meine Atmung verlangsamt, meine Stoffwechselrate verändert hatten. Schon nach geringen Anstrengungen sank ich keuchend aufs Bett, blass, mit tiefen Ringen unter den Augen. Und ging ich hinaus in die lärmende Betriebsamkeit des Tages, fühlte ich mich wie in eine Hölle versetzt, so stark und schmerzhaft drang alles auf mich ein. Mein Gehör hatte sich unmäßig geschärft, so dass ich in meinem Reihenhäuschen vernahm, was in den Nachbarhäusern vor sich ging, bis hin zum Klappern der Kaffeelöffel auf den Untertassen. Hier musste etwas geschehen." (Lorenz, 101 - Die Betroffene hat später Hilfe und Heilung in der christlichen Innerlichkeit gefunden.)

Wir folgern: Christliche Selbsterkenntnis im Blick auf Gott führt im Gegensatz dazu zu einer *Stärkung von Leib und Seele, die uns hilft, den Alltag besser zu bewältigen.*

Habe ich schon an esoterischen Angeboten und nichtchristlichen Meditationskursen teilgenommen? Habe ich lieber auf einen „Guru" anstatt auf Gott gesetzt?

Wie haben sich solche Angebote auf meinen Glauben ausgewirkt?

Benötige ich seelsorgerlichen Beistand, um die Folgen zu verarbeiten?

„Wenn einer mich liebt, wird er an meinem Wort festhalten. Wir werden kommen und bei ihm Wohnung nehmen."

(Joh 14,23)

II.3. Die Kräfte der Seele stärken

Je länger wir uns in der Selbsterkenntnis üben, umso mehr wird unsere Seele gestärkt.
Es gibt ***drei Seelenkräfte*** (auch „*drei Seelenvermögen*" genannt) als Grundausstattung des Menschen, der nach Gottes Ebenbild geschaffen wurde: den ***Verstand***, das ***Gedächtnis*** und den (freien!) ***Willen.*** Sie stellen bei Katharina von Siena u.a. eine Voraussetzung für die *gleiche Würde von Frau und Mann* sowie *von Klerikern und Laien* dar. Ebenbild, Abbild Gottes bedeutet mehr als nur bloße Ähnlichkeit, es ist eine ***wesenhafte Bezogenheit.*** Katharina ist damit heute aktueller denn je!

Daneben wird den drei Seelenkräften, wie wir gleich sehen werden, eine besondere *Affinität* (Bezogenheit) *zum Dreifaltigen Gott* - Gott Vater, Jesus Christus und Heiliger Geist - zugeordnet.

Wie kommt Katharina darauf? Sie greift immer wieder auf den Kirchenvater *Augustinus* zurück, den einflussreichsten Theologen des Mittelalters, sowie auf *Bernhard von Clairvaux* und - ganz entscheidend - auf den Kirchenlehrer *Thomas von Aquin*. Ihre Lehre ist grundlegendes Gemeingut der Katholischen Kirche, an dem sich in späterer Folge u.a. auch die Heiligen des Karmel orientiert haben. Wie durchgehend in ihren Texten zu beobachten, haben Katharina und später die Heiligen des Karmel dieses Gedankengut aus ihrer reichen visionären

Erfahrung heraus zu unvergleichlicher, unverwechselbarer Blüte gebracht.

"Deine Liebe veranlasste dich, meinen **Verstand** mit
dem Licht des Glaubens zu erleuchten.
Gib, dass mein **Gedächtnis** fähig sei,
sich deiner Wahrheiten zu erinnern,
und mein **Wille**
im Feuer deiner Liebe lodere."

(Katharina von Siena, Dialog,
aus dem Schlussgebet)

Die drei Seelenkräfte sind eng miteinander verbunden, ja „ein Leben", „ein Geist", „eine Substanz". Der ***Verstand*** (die *Erkenntniskraft*) als edelster Teil des Menschen ist in der Lage, die *Güte Gottes* zu erkennen und hat Anteil an der *Wahrheit Gottes*, seiner *Weisheit* und dem *„Licht"* seines eingeborenen Sohnes.

Somit steht der *Verstand* in spezieller Affinität zu *Jesus Christus* und befähigt uns zum Nachsinnen über seine Lehre, er wird von der Liebe bewegt und ist zugleich der „Führer" der Seelenkräfte (Briefe 150 u. 354, Dialog, Kap.51). „Unser *Verstand* muss wachen, um die Wahrheit des süßen, göttlichen *Willens* zu erkennen" (Brief 351 an *Papst Urban VI.*).

Das ***Gedächtnis*** wird vom *Verstand* mit der Erinnerung an Gott und die erwiesenen Wohltaten erfüllt und steht damit in besonderer Beziehung zu *Gott Vater*. In dieser Erinnerung erweckt und verstärkt es die Liebe zu Gott und den Mitmenschen. Das *Gedächtnis* „macht den Menschen eifrig statt nachlässig, dankbar statt undankbar." (Dialog, Kap.63). „Unser *Gedächtnis* erwacht, um mit dem Vater zu feiern, indem es seiner göttlichen Wohltaten gedenkt." (Brief 309).

Der ***Wille*** wird durch *Verstand* und *Gedächtnis* in Gang gesetzt. Er sitzt im Kern der Person und ist seine innerste, tiefste Kraft. Erst durch den (freien) *Willen* vermag der Mensch auf Gott zu antworten und seine Liebe zu erwidern und ist deshalb die Entsprechung des *Heiligen Geistes*. „Du, Herr, gabst dem Menschen den *Willen*, damit er das lieben könne, was der *Verstand* von deiner Wahrheit wahrnimmt und erkennt und damit Teil habe an der Milde des Heiligen Geistes." (Dialog, Kap. 13).

In anschaulichen Worten preist Katharina das *Feuer der göttlichen Liebe*, das den *Verstand* erleuchtet, das *Gedächtnis* vertieft und den *Willen* „erwärmt", so dass „das dürre Holz unseres *Willens* in Brand gerät, sich ausweitet" (Brief 109). Wir sollen „Diener der Vernunft" sein, *Verstand* und *Gedächtnis* mit der „Wahrheit des Wortes" füllen und die Seele mit der Liebe Christi stärken, damit der *Wille* trunken werde vom Eifer für Jesus. (Brief 293).

Osterfeuer der Pfarreiengemeinschaft Starnberg, (W. Zucker, Söcking)

„Lasst Euren *Verstand* nachdenken über die Lehre des gekreuzigten Christus“, bittet Katharina, wobei sie das *Gedächtnis* gleich mit einschließt, „und lasst Euren *Willen* ihn von ganzem Herzen lieben, mit vollkommener Hingabe und mit all Euren Kräften.“ (Brief 150). Noch schöner klingt es in einem weiteren Schreiben: „Haltet Euer *Gedächtnis* bereit, um all das aufzunehmen, was Euer *Verstand* an der göttlichen Liebe erschaut hat. Euer *Wille* aber möge sich mit glühendstem Verlangen erheben, um das sich ganz verzehrende Herz des Gebers, des liebreichsten und guten Jesus, in Empfang zu nehmen und zu betrachten.“ (Brief 146).

Werden die Seelenkräfte von Gott derart in Anspruch genommen, dass die Tätigkeit der Sinne verblasst, ja schwindet, gerät der Mensch in ***Ekstase*** - der „positive Extremfall" sozusagen. Andererseits jedoch vermag ein Mensch, welcher Gott ablehnt, seine Seelenkräfte falsch einzusetzen und sein Lebensziel zu verfehlen.

Eine wesentliche Tatsache, die vielen Menschen nicht bewusst ist: Der *Mensch ist aus Liebe und für die Liebe geschaffen und kann ohne sie nicht leben!* Notfalls sucht er Ersatz - sei es in „ungeordneter Liebe" zu anderen Menschen, sei es in übermäßiger Bezogenheit auf materielle Dinge, in diversen Abhängigkeiten und Suchtverhalten. „Wenn hingegen das sinnenhafte Streben die Seele dazu verleitet, sinnliche Dinge zu lieben", wird Katharina in einer Ekstase von Gott belehrt, „wendet er sich diesen zu und nimmt sich nur Vergängliches zum Gegenstand in Eigensucht, Missachtung des Rechten und Neigung zum Schlechten. Daraus erwächst dann Hochmut und Ungeduld; das *Gedächtnis* nimmt nichts anderes auf, als was das Begehren ihm darbietet. So wird auch der *Verstand* in seinem Auffassen getäuscht und der *Wille* in seinem Lieben... Der *Verstand* handelt wie ein Dieb, der andere beraubt; also behält sich auch das *Gedächtnis* jene Dinge zurück, die außer mir sind, und so beraubt sich die Seele der Gnade." (Dialog, Kap.51): Gottesferne als „negativer Extremfall" also, erwachsen aus „ungeordneter Liebe" zu anderen Menschen und den Dingen.

Anders verhält es sich, wenn der Mensch offen ist für Gott: „Wenn die Seele alle ihre Kräfte mit der Hand der freien Entscheidung in meinem Namen zu versammeln beginnt“, lesen wir die mystische Unterweisung Gottes weiter, „sind *alle Handlungen des Menschen, geistige wie zeitliche, unter sich geeint.* Dann löst sich der freie Entschluss von der eigenen Sinnlichkeit und verbindet sich mit der Vernunft. *Ich aber* (Gott) *werde aus Gnade in ihrer Mitte ruhen.* Das meinte meine Wahrheit, das Fleisch gewordene Wort (Jesus), als es sprach: *‚Wenn zwei oder drei in meinem Namen versammelt sind, dann bin ich mitten unter ihnen‘* (Mt 18,20).“
Haben wir das biblische Wort schon einmal im Kontext der drei Seelenkräfte betrachtet?

Résumée und Anstöße zur Reflexion

Die Selbsterkenntnis ist nötig, um unsere drei Seelenkräfte zu stärken: Verstand, Gedächtnis und Wille. Sie besitzen eine mystische Entsprechung zum Dreifaltigen Gott in unserer Seele.

Der Verstand befähigt uns, die Güte Gottes zu erkennen und, durch Liebe bewegt, über seine Wahrheit nachzusinnen. Er bezieht sich dabei auf Jesus Christus.

Betrachte ich regelmäßig oder sogar täglich die Heilige Schrift?

Bemühe ich mich dabei um innere Sammlung und Konzentration? Bin ich zu einer geordneten Konzentration in der Lage, ohne innerhalb kürzester Zeit in Unruhe zu verfallen?

Lese ich gute, christliche Bücher und Zeitschriften?

> „Das Auge unserer Seele ist der Verstand."
>
> Katharina von Siena (Brief 51)

Das Gedächtnis erfasst und erinnert an die Wohltaten Gottes, auch in unserem eigenen Leben, und spornt an zu größerem Eifer im Glauben. Es entspricht dem Schöpfer, Gott Vater.

Unser Gedächtnis ist geschwächt und vielfach blockiert durch das massenhafte, unkontrollierte und vielfach unkontrollierbare Einströmen von akustischen und visuellen Eindrücken unserer globalisierten, digitalisierten Welt: unvollständige, zu wenig differenzierende und aus dem Gesamtzusammenhang gerissene Wortmeldungen in den Medien, die wir nicht verarbeiten können, die in uns weiterwirken, unsere Konzentrationsfähigkeit stören und unser Gedächtnis beeinträchtigen. Habe ich schon versucht, in meiner persönlichen Lebenssituation konkrete Möglichkeiten zu entdecken, meinen Kopf von überbordenden Einflüssen frei zu bekommen und Ablenkungen zu vermeiden, obwohl es sehr schwierig sein mag?

Bin ich in der Lage, mich vor unnötigen Attacken gegen mein Gedächtnis zu schützen - etwa indem ich ausschließlich Fernsehkanäle auswähle, in denen Filme nicht durch Werbeeinschaltungen unterbrochen werden, bei denen noch ungeteilte und ungestörte Aufmerksamkeit für einen Film, eine Reportage möglich ist?

Habe ich schon versucht, mein alltägliches Leben ein wenig wesentlicher und einfacher zu gestalten, weg von schrillen, oberflächlichen Eindrücken, die ständig auf mich einrieseln und deren Fülle mein Gedächtnis nicht mehr verarbeiten kann?

Magnolienblüten (Heise)

Der Wille wird durch ein In-Gang-Setzen durch Verstand und Gedächtnis motiviert. Er ist im tiefsten Kern unserer Person verankert und steht in Affinität zum Heiligen Geist. Von ihm motiviert, antworten wir Gott in Liebe und innerer Freiheit (freier Wille des Menschen). Der Wille entspricht dem „Haupttor" unserer „Seelenburg", die uneinnehmbar ist für Versuchungen, wenn unser Wille nicht zustimmt. „Nur wenn der Wille nachgibt, springen auch die kleinen Pförtchen der leiblichen Sinne auf" (Dialog, Kap.144).

Wie verhalte ich mich bei Willensentscheidungen? Habe ich Angst davor, meinen Willen festzulegen und zu bekunden?

Vermag ich mich mutig gegen Modeströmungen, die ich mit meinem Gewissen nicht vereinbaren kann, zu stellen? Oder schwimme ich meistens mit dem Strom, weil es ohnehin alle tun?

Neige ich dazu, Anderen meinen Willen aufzuzwingen, sie zu manipulieren?

Oder lasse ich mich selbst manipulieren, was meinen freien Willen oft außer Kraft setzt?

Zeige ich im Umgang mit Ernährung und Genussmitteln Maß und Willensstärke, oder lasse ich mich gehen?

Habe ich ein Suchtproblem? Habe ich schon therapeutische und seelsorgerische Hilfe in Anspruch genommen?

Bekunde ich hin und wieder in Konfliktsituationen guten Willen, indem ich den ersten Schritt zur Klärung, zur Versöhnung setze?

Schreitet der Mensch in seinem Glaubensleben unter treuer Selbsterkenntnis fort, beginnen sich die Seelenkräfte zu „versammeln". Der Mensch vermag sich immer mehr von seiner Sinnlichkeit zu lösen und in seiner „inneren Zelle" in Einklang und Frieden in Gott zu ruhen.

"Lasst uns machen den Menschen
als unser Abbild,
uns ähnlich."

(Genesis 1,26)

Bei einzelnen, die christliche Spiritualität in Beharrlichkeit und Konsequenz Lebenden ist es möglich, dass die gestärkten Seelenkräfte die Tätigkeit der Sinne vorübergehend aufheben, was zur „Ekstase" führt. Sie bedeutet eine spezielle Gnade, die jedoch nichts über den Grad der persönlichen Frömmigkeit oder gar Heiligkeit aussagt; umgekehrt vermag ein Mensch, welcher trotz beharrlichen Glaubenslebens keine Ekstasen erlebt, vor Gott ebenso Gefallen finden.

Was ist von *Ekstasen* und *Visionen* zu halten? Zwei Missverständnisse sind häufig zu finden:

Erstens darf - im Unterschied zu nichtchristlichen Meditationstechniken - das Ziel unseres Bemühens um Selbsterkenntnis und Stärkung unserer Seelenkräfte NICHT der ekstatische Zustand sein. Damit würden wir uns in Wirklichkeit nur uns selbst und die Befriedigung suchen, besonders „fromm", der/die bessere Christ/in zu sein Und wir würden Hochmut, Selbstherrlichkeit und Größenwahn entwickeln. Nein, es geht EINZIG um die Suche nach Gott in unserem Leben; außerordentliche Glückszustände wären freie Geschenke Gottes, die er gewährt, wem und wann er es will.

> „Bewahre den Schatz,
> den ich dir gegeben habe!"
>
> Christus zu Katharina von Siena
> (Legenda Major, 439)

Zweitens sind Ekstasen und Visionen, die Gott gewährt, für den Einzelnen NICHT als besondere „Belohnung" anzusehen. Immer sind sie im Rahmen einer speziellen Berufung, einer Aufgabe angesiedelt, die Gott einem Visionär/einer Visionärin aufträgt und welche IN DEN DIENST DIESER BERUFUNG UND DER MENSCHEN gestellt sind. Somit bedeuten Visionen keine Auszeichnung, keinen persönlichen Vorteil für den/die, der/die sie empfängt, sondern einen speziellen Auftrag, verbunden mit Ausstattung besonderer Kraft, ja sogar eine Art „spiritueller Verpflichtung". Die Erfüllung dieser

Berufung kann dann mit vielen Herausforderungen und Leiden verbunden sein.

Wie ist meine Einstellung gegenüber mystischen Phänomenen in der Kirche? Beneide ich Visionäre kurzschlüssig?

Strebe ich in meinem Gebetsleben und an Wallfahrtsorten heimlich eher ekstatische Zustände und Visionen an, anstatt den Willen Gottes in meinem persönlichen Leben zu suchen?

Feierlicher Gottesdienst zum Feuerwehrfest, Hippersdorf, Bezirk Tulln (Heise)

III.

Gott persönlich begegnen dürfen im Gebet

„Die Mutter des Gebets ist die Liebe."

Katharina von Siena, Dialog von der Göttlichen Vorsehung, Kap. 66

III. 1. Warum beten? Welche Wirkungen entfaltet das Gebet in unserem Leben?

Welche Bedeutung hat das Gebet bei Katharina von Siena? Man kann erst einmal zusammenfassend sagen: Ihr Leben *war* Gebet, eine ständige, lebendige Verbundenheit mit Gott. Das gilt sowohl für das ***mündliche Gebet*** - sie hat vor allem die Psalmen sehr geschätzt -, als auch, und besonders, für das ***innere Gebet***. So wurde für Katharina das Gebet immer mehr zur Zwiesprache mit Christus, zum Austausch mit oder ohne Worte, zum Verweilen in seiner Gegenwart.

Halten wir fest: *Der lebendige Austausch mit dem personalen Gott, vor allem in der Person Jesu Christi, ist auch uns möglich!* Mehr noch: Wir sind ausdrücklich dazu eingeladen!

Obwohl Mystikerin, hat Katharina das ***mündliche Gebet*** nie gering geschätzt! Sie meint vielmehr, es solle stets „beharrlich geübt" werden. Sie empfiehlt aber, dann innezuhalten, sobald sich die Seele zu Gott erhoben fühlt: „Wenn Ihr spürt, dass Euer Geist (von Gott) besucht wird, dann lasst die Worte beiseite", schreibt sie in einem Brief (Nr.154). Hier beginnt nämlich das *innere Gebet*, in einem fühlbaren „Hingezogen-Werden" zu Gott, in dem die „Regie" Gott überlassen werden soll. Später soll das begonnene, mündliche Gebet wieder aufgenommen werden.

Katharina war schon von Kindheit an im ***inneren Gebet*** geübt: Schon früh erlebte sie spürbar die Anwesenheit Gottes in ihrem Herzen. Ihm konnte sie immer begegnen, auch im größten, äußeren Trubel. Das innere Gebet erweckt heute wieder zunehmend Interesse, ist jedoch, wie wir bereits gesehen haben, deutlich *zu unterscheiden von Meditationstechniken*, die da und dort angeboten werden, in denen der Inhalt nicht die Begegnung mit dem lebendigen Gott darstellt, sondern bloßes Leerwerden, Einswerden mit dem Kosmos, oder andere Ziele.

„Bei vielen Menschen ist es nämlich so: Ihr Gebet besteht mehr aus Worten denn aus Liebe. Es ist, als seien sie auf nichts anderes bedacht, als möglichst viele Psalmen und Vaterunser abzubeten.
Haben sie die Zahl erfüllt, die sie sich vorgenommen hatten, dann denken sie nicht weiter.
Sie scheinen ihr Gebet auf das mündliche Hersagen zu begrenzen, und lassen sie es dabei bewenden, erzielen sie wenig Frucht."

(Katharina von Siena, Dialog, Kap. 66)

Katharina warnt (auch deshalb!) davor, das mündliche Gebet aufzugeben, und sie warnt vor einer Konzentration auf auftretende, gute Gefühle beim Gebet. So bedeuten *Glücksgefühle keinesfalls ein Qualitätsmerkmal*. Anders ausgedrückt: Der Wert eines Gebetes ist nicht daran zu messen, wie wir uns dabei fühlen!

Sie nennt jedoch drei andere Wirkungen als ***Echtheitskriterien*** eines guten Gebetes: eine *Zunahme des* ***liebenden Verlangens***, des Eifers in der ***Nächstenliebe*** und ein ***Wachstum in den Tugenden***.

Das ***liebende Verlangen*** ist ein Herzstück in Katharinas Lehre. Katharina geht davon aus, dass sich unsere Sehnsüchte, letztendlich die Sehnsucht nach Liebe, auf Erden nie ganz erfüllen lassen, auch wenn wir einer (oft vermeintlichen) Erfüllung nachjagen, mit allen uns zur Verfügung stehenden Mitteln. Auch die tiefste zwischenmenschliche Liebe ist nie ganz frei von Sehnsucht, einer Sehnsucht nach „mehr“ oder „noch mehr“, selbst in der glücklichsten menschlichen Beziehung. Diese Sehnsucht nach Liebe, ganz auf Gott ausgerichtet, durchzieht als „*liebendes Verlangen*“ das gesamte Leben und Wirken Katharinas!

Klar ist für Katharina: Die menschliche Seele vermag nie vollends glücklich zu sein, bevor sie nicht mit Gott vereint ist, da sie auf unendliche Liebe ausgerichtet ist und ohne Liebe nicht leben kann (auch wenn es oft „*ungeordnete Liebe*“ ist, wie Katharina die Fehlformen der Liebe nennt).

Mit dem liebenden Verlangen sind wir mittlerweile im Zentrum des Evangeliums angekommen: dem ***Hauptgebot der Liebe***: „Du sollst den Herrn, deinen Gott lieben...“, und: „Du sollst deinen Nächsten lieben wie dich selbst“ (Mk 12,30f).

Katharina von Siena mit Kreuz und Buch als Kirchenlehrerin, Lindenholz, von Akad. Bildhauer Josef Papst (Heise)

Für Katharina sind ***Gottes- und Nächstenliebe*** nicht nur ideell untrennbar miteinander verbunden, sondern auch logisch: Sie bezeichnet die ***tätige Nächstenliebe*** als einzige Art und Weise, die Liebe zu Gott unter Beweis zu stellen! Haben wir uns schon einmal überlegt, ob und wie wir Gott durch Liebeserweise nützlich sein können? Braucht er uns und unsere guten Werke? Die Antwort ist für Katharina eindeutig: Nein! Gott braucht weder uns noch unsere guten Werke! *Ihm* können wir *nicht* nützlich sein! Sehr wohl aber unseren Nächsten. *Deshalb erweist sich die Gottesliebe in der Nächstenliebe.* Und sie ist ***geschuldete Liebe***, da wir unser ganzes Sein Gott verdanken. Und das gilt auch den verstocktesten Sündern gegenüber und jenen, die uns nicht wohl wollen: „Wir müssen unsere Nächstenliebe auf Gute und Böse ausdehnen“; sagt Katharina einmal (Brief 94).

„Bittet, und ihr werdet empfangen."

(Joh 16,24)

„Betet ohne Unterlass! "

(1 Thess 5,17)

Das dritte Echtheitskriterium eines guten Gebetslebens ist für Katharina eine ***Zunahme an Tugenden***. Dabei denken wir wohl vor allem an die *drei göttlichen Tugenden: Glaube, Hoffnung und Liebe*.

Daneben sind es noch zwei weitere Tugenden, denen Katharina vorrangige Bedeutung einräumt: die ***Demut*** und die ***Geduld***.

Die ***Demut*** - sie ist ein heute gemiedener, eher peinlich anmutender Begriff! Doch Katharina erlebt sie als die „*Amme der Liebe*“ (Brief 159). „Demut und Liebe sind die beiden *Flügel*, die eure Seele hinauffliegen lassen zum Ewigen Leben“, sagt sie (Brief 335). Daneben ist die Demut auch die „innerste Substanz“ aller Tugenden.

Möwe über der Adria (Manuel P.Heise)

Die ***Geduld*** wiederum bezeichnet Katharina als die *Königin* der Tugenden (Dialog, Kap.94). Denn an ihr erweist sich, ob unsere Tugendhaftigkeit überhaupt echt ist: Die übrigen Tugenden könnte man nämlich vorspielen (etwa geheuchelte Liebe oder Demut), die Geduld nicht! Sie ist also das Kriterium der Echtheit unserer Tugendhaftigkeit, ja mehr noch: Katharina bezeichnet die Geduld sogar als einen *Mitvollzug göttlichen Verhaltens* und denkt dabei an Christi unermessliche Geduld in seinem Kreuzesleiden.

Résumée, Präzisierung und Anstöße zur Gewissenserforschung

Grundsätzlich unterscheiden wir zwischen dem mündlichen und dem „inneren“ Gebet. Pflegen wir Ersteres täglich, bekommt unser Alltag kontinuierliche Struktur und Balance, auch wenn es uns einmal schlechter gehen sollte. Das mündliche Gebet ist also nicht zuletzt *für uns selbst* eine große Hilfe, unser Leben zu bewältigen, gute Entscheidungen zu treffen und auch Krisenzeiten zu überstehen, ohne in das sprichwörtliche „tiefe seelische Loch“ zu fallen. Studien haben gezeigt, dass betende Menschen und Kirchenbesucher/innen generell ausgeglichener und gesünder sind als ihre Mitmenschen!

Pflege ich das mündliche Gebet täglich, gelegen oder ungelegen - Rosenkranz(gesätzchen), Stundengebet, sonstige Gebete aus dem reichen Gebetsschatz der Kirche?

Habe ich schon versucht, mein eigenes, tägliches Fürbittgebet zusammenzustellen, meinen Bedürfnissen, persönlichen Anliegen und Betroffenheiten entsprechend?

Im Gebet dürfen wir Gott persönlich ansprechen, ihm alles anvertrauen, unsere Freuden, Bitten und Sorgen, aber auch (nicht zu vergessen!) unseren Dank und Lobpreis der Größe und Güte Gottes! Wenn wir uns dabei innerlich von Gott berührt fühlen, erfolgt der Übergang zum inneren Gebet. In zusätzlicher Betrachtung einer

Bibelstelle oder mystischer Literatur können wir lernen, auch das innere Gebet zu pflegen. Hilfen dafür bieten Mystiker/innen wie Katharina von Siena und die Heiligen des Karmel. Immer gilt es dabei, Krampfhaftigkeit zu vermeiden in der fälschlichen Meinung, Glücksgefühle wären ein Kriterium zunehmender Frömmigkeit, gelassen zu bleiben, wenn kein Gefühl auftritt, und das mündliche Gebet treu weiter zu pflegen, ohne sich durch „Trockenzeiten“ beirren oder entmutigen zu lassen.

Gebetsecke („Herrgottswinkel") im Berggasthof Urz'n, Gmundnerberg, Oberösterreich (Heise)

Und: Gott hetzt uns nicht, auch nicht in unserem Fortschritt im geistlichen Leben! Er wird uns und unser

Gebet in die für uns richtigen Bahnen lenken. Was er von uns will, ist unseren guten Willen, unser tägliches Beginnen und unser Vertrauen in seine unaussprechliche Liebe und Güte.

Habe ich mich schon um innere Zwiesprache mit Gott bemüht, um das innere, ganz persönliche Gebet, etwa unter Betrachtung einer Bibelstelle, eines geeigneten Textes, Bildes oder Musikwerks?

Glaube ich daran, dass Gott auf mein stetes Bemühen sieht und nicht auf Perfektion? Vermag mich diese Gewissheit vertrauensvoll zu trösten, wenn ich einmal innerlich sehr „weit weg“ bin beim Gebet?

Schalte ich sämtliche Störquellen (Handy, Smartphone etc.) während des Gebets aus? Habe ich ein Problem damit, nicht ständig erreichbar zu sein?

Verspüre ich manchmal Sehnsucht nach Gott und den himmlischen, ewigen Gütern? Begegne ich dem Aufkeimen solch „liebenden Verlangens“ mit verstärkter Aufmerksamkeit, oder wende ich mich hastig schnell wieder anderen Dingen zu?

Das Gebetspensum dürfen wir uns selbst zurecht legen - je nach Neigung und persönlichen Möglichkeiten. Bezüglich Zeiteinteilung und Örtlichkeit kann Flexibilität hilfreich sein: Manchmal ergibt es sich, gleich am Morgen zu beten, manchmal während eines Spazierganges, einer Wanderung oder in der U-Bahn, als Beifahrer/in im Auto, ein anderes Mal schon im Voraus in einer schlaflosen Nacht oder im Krankenbett. Das Wie und Wo mag variieren. Gott wird auch mein unzulängliches Gebet in seiner Liebe annehmen und mich in seinen Armen bergen.

Welche Haltung bevorzuge ich beim Gebet?

Vermag ich der Haltung im Gebet mit Gelassenheit zu begegnen, oder vermeine ich, Gott zu beleidigen, wenn ich mein Gebet nicht immer knieend verrichten kann?

Herz-Jesu-Statue, Pfarrkirche Prein an der Rax, Niederösterreich, unbekannter Künstler (Heise)

Auf was es letztendlich ankommt, ist die „Befruchtung“ unseres Lebens durch das treu geübte Gebet, das sich in gelebter Nächstenliebe und einer Zunahme an Tugenden zeigen soll: Glaube, Hoffnung und Liebe als die drei Haupttugenden, aber auch in Demut und Geduld.

Ist mir bewusst, dass mein Gebet in den Alltag hineinreichen muss, da ich Gott nur in meinen Mitmenschen konkret Liebe zurückschenken kann?

Wie ist es um meine Demut vor Gott und meine Geduld im Umgang mit meinen Mitmenschen bestellt? Wo gibt es Verbesserungsbedarf?

Zusammenfassen können wir im Sinne Katharinas: Mündliches und inneres Gebet - beide sind notwendig. Gefühle sind nicht von Bedeutung. Wichtig sind eine Zunahme an liebendem Verlangen (also Sehnsucht) nach Gott, an gelebter Nächstenliebe und in den Tugenden.

Vertraue ich auf die grenzenlose Geduld Gottes mit mir, einem Gott, vor dem das stete Bemühen zählt und nicht das perfekte „Ergebnis“?

III.2. Was haben unser Gebet und „Tränen“ gemeinsam?

In Katharinas Mystik finden wir einen außergewöhnlichen und zugleich originell anmutenden Bezug des sehnsüchtig liebenden Herzens zu den *Augen*: Spüren wir das „Feuer der göttlichen Liebe“ und „brennt unser sehnsüchtiges Verlangen“, beginnen die Augen zu nässen und wir fangen an zu weinen - „so wie junges Holz, das ins Feuer geworfen wird, auf Grund der großen Hitze zu wässern beginnt“ (Brief 154). Dabei erkennt Katharina ***fünf Arten von „Tränen“*** *(Gebeten)*, je nach Fortschritt im geistlichen Leben. Es empfiehlt sich auch für uns, die „holde Erklärung“ Gottes zu den „Tränen“ in Katharinas Buch „Dialog“, Kapitel 88 - 96, zu betrachten!

Die „erste Art“ sind die ***sinnlichen Tränen***: Sie werden geweint aus Schmerz um Dinge, die *vor Gott keinen Wert* haben, etwa wegen des Verlusts eines wertlosen Gegenstandes oder aus dem Gefühl des Beleidigt-Seins wegen Nichtigkeiten. Werden sie aus Ursachen heraus geweint, die *dem Willen Gottes widersprechen* (etwa aus Wut und Zorn den Mitmenschen gegenüber), können die sinnlichen Tränen auch „Tränen des (inneren) Todes“ sein, da sie der Seele Schaden zufügen - je nach dem Grad der persönlichen, damit verbundenen Schuld. Auf jeden Fall sind es wertlose Tränen, die uns auf dem Weg zu Gott nicht weiterbringen.

Die „zweite Art“ sind die ***unvollkommenen Tränen;*** „die Tränen derer nämlich, die ihre Sünden erkennen und *aus Furcht (vor Strafe)* zu weinen beginnen.“ Es sind noch Tränen, die eher aus Selbstmitleid und nicht aus echter Reue und Liebe zu Gott entspringen. Trotzdem mischt sich in diese Tränen bereits eine gewisse *Hoffnung auf die Barmherzigkeit Gottes*. Es sind Tränen, die vermutlich auch wir noch reichlich vergießen! Sie tragen allerdings bereits Früchte in sich: Reinigung der Seele, Friede des Gewissens und ein Erstarken in der Neigung zur Tugend.

Rote Rose mit Regentropfen (Heise)

Die „dritte Art“ sind die ***vollkommeneren Tränen***: Sie werden geweint von jenen, die bereits erfolgreich in der Selbsterkenntnis geübt sind und begonnen haben, *ihren Willen dem Willen Gottes anzugleichen.* Diese Tränen „überfließen“ bereits aus herzlicher Liebe zu Gott und im Sinne Gottes: wenn Gott beleidigt wird, wenn dem Mitmenschen Böses widerfährt. Das eigene Leid spielt immer weniger eine Rolle. Früchte dieser Tränen sind immer mehr Kraft in der Tugend, vor allem eine Zunahme an Demut und Geduld. Dadurch wird die Seele *zunehmend vor Kränkung geschützt.* Denn wir werden *über das Sinnliche „hinausgehoben“ und lernen, uns auf das vor Gott Bedeutsame, das Wesentliche, zu konzentrieren.*

„Ich bin gewiss, Gott wird die vielen Gebete nicht verschmähen, die mit glühendem Verlangen und unter Tränen verrichtet werden.

(Katharina von Siena, Brief 233
an Papst Gregor XI.)

Die „vierte Art“ sind die ***vollkommenen Tränen***: Sie vergießen jene, die *ihre liebende Begierde ganz nach Gott ausgerichtet haben und zum „höchsten Zustand“ gelangt sind.* Die Frucht dieser Tränen sind innere Ruhe, eine „fühlbare Einigung“ mit der Liebe Gottes, „wie das Kindlein, das still im Arm seiner Mutter ruht“. Es sind *Tränen der Liebe über die Barmherzigkeit Gottes und des Schmerzes über die Sünde des Nächsten.* Allerdings darf der Mensch auf dieser Stufe nie die täglich zu übende

Selbsterkenntnis vergessen - er liefe sonst *Gefahr, überheblich zu werden*, dem „Hineinwehen des feinen Windes des Selbstruhms“ zu erliegen, was den Sturz der Seele „von ihrer Höhe in die Tiefe“ zur Folge hätte!

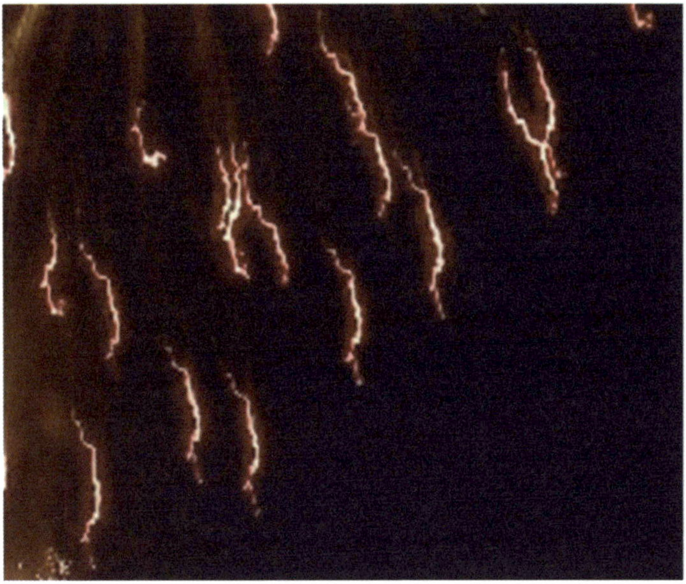

"Feuertränen" (Heise)

Schließlich stellt uns Katharina noch als „fünfte Art“ die ***„Feuertränen“*** vor: Diese „weinen“ jene Menschen, die sich die Gabe der Tränen - also das gefühlte liebende Verlangen - vergeblich wünschen. Dies kann bei uns allen zeitweise der Fall sein; ja sogar die Heiligen kennen solche „Trockenzeiten“! Bringt der Mensch „tränenlos“ seine Bitten vor Gott, so sind das „feurige Tränen“. *Gott nimmt dann den guten Willen für das Werk*, und *es weint der Heilige Geist selbst für uns* - wobei Katharina einen

Bezug zu *Paulus* herstellt, der Heilige Geist trete mit unaussprechlichen Seufzern für uns ein (Röm 8,26). Wie fruchtbar unsere Feuertränen sind, hängt auch hier vom Maß der Liebe ab. Denn schlussendlich zählt vor Gott sie, die Liebe.

„Wisse, dass alle diese Zustände in derselben Seele vorhanden sein können, wenn sie sich aus der unvollkommenen Liebe aufmacht."

Résumée und Anstöße zur Reflexion

Die Analogie der „Tränen" kann uns helfen, in uns zu gehen, wie es um die Qualität unseres Gebets steht; wie weit wir uns Gott in unserem Inneren schon geöffnet haben, oder wie sehr es uns eher noch um uns selbst und die Befriedigung unserer eigenen Wünsche geht.

Wir alle haben zeitweise unsere „trockenen" Zeiten, auch im Gebet. Das möge uns in Schwierigkeiten als Trost dienen. Die Pflege des täglichen Gebets ist für jene, welche Schicksalsschläge erlitten haben oder gar mit der Kirche in Konflikt geraten sind, ganz besonders wichtig. Eine gelebte Innerlichkeit bietet uns Halt, und wir alle dürfen darauf vertrauen, dass Gott uns in unserem ehrlichen Bemühen nicht allein lässt.

Erinnern wir uns: Wir brauchen uns im Bemühen um ein gutes Gebet nicht ängstlich zu verkrampfen. Es geht letztendlich nicht um Leistungen, die wir erbringen sollen (wie in unserem Alltag üblich), sondern um liebende Begegnung mit Gott. So dürfen wir auch den „Tränen" des Gebets mit Gelassenheit begegnen - aufmerksam, beharrlich, jedoch ohne Hast oder gar Fanatismus.

Hänge ich krampfhaft an den einzelnen Worten meiner Gebete, anstatt Gott Raum zu geben in meiner „inneren Zelle"? Werde ich etwa zuweilen von der Angst geplagt, im Rosenkranz ein Ave Maria auszulassen?

Habe ich ständig Angst, überhaupt nicht gut genug oder zu wenig zu beten (beten zu können)?

„**Tränen** nenne ich das demütige und unablässige Gebet, das mir im Feuer glühenden Verlangens dargeboten wird. Ich sagte schon, dass ich euer Verlangen erfüllen will, indem ich in eure Mühsal Erquickung sende und eure schmerzlichen Bitten erhöre."

(Gott in einer Vision
zu Katharina von Siena,
Dialog, Kap. 86)

„Weine“ ich noch oft „sinnliche Tränen“ beim Gebet?

Welchen Wert haben für mich materielle Dinge? Sind sie mir oft wichtiger als die Sorge um meine Seele und verstellen sie mir den inneren Zugang zu Gott?

„Pflege“ ich gegenüber Anderen Wut und Rachsucht, die mir den Blick zur Gotteserfahrung blockieren?

„Weine“ ich noch oft „unvollkommene Tränen“ beim Gebet?

Ist mein Gebet eher von Selbstmitleid geprägt als vom Verlangen, den Willen Gottes in meinem Leben zu entdecken?

„Weine“ ich manchmal schon „vollkommenere Tränen“?

Vermag mich eine Beleidigung Gottes, ein Leid eines Mitmenschen so in Mitgefühl zu versetzen, dass es in meinem Gebet Widerhall erfährt?

Spüre ich zuweilen, dass mir im Gebet Kraft geschenkt wird, die in mir so manche Ärgernisse des Alltags auflöst?

„Weine“ ich bereits zuweilen „vollkommene Tränen“?

Vermag mich das Gebet manchmal in tiefe, innere Ruhe zu versetzen, so dass mir die

Anwesenheit Gottes in meinem Herzen zur inneren Gewissheit wird?

Vermögen Freuden und Leiden Anderer zuweilen empathisch zu den meinen zu werden?

Oder bilde ich mir dabei ein, „heiliger“ als die Anderen zu sein, die mit dem Gebet Schwierigkeiten haben?

Ist mir bewusst, dass ich, je näher ich mich Gott empfinde, umso mehr die Selbsterkenntnis zu üben habe? Dass alles Gnade, Geschenk Gottes ist, das mir gewährt ist, damit ich umso mehr für die Mitmenschen da bin, meinen Möglichkeiten entsprechend?

„Weine“ ich „Feuertränen“?

Spüre ich trotz beharrlichen Übens nichts beim Gebet? Macht mir dies Angst, bin ich enttäuscht, oder vermeine mich sogar weniger geliebt von Gott?

Oder vermag ich diese „Trockenheit“, von denen sogar bei den „großen“ Heiligen phasenweise berichtet wird, im Vertrauen durchzustehen, dass Gott mein Gebet selbst vollenden wird; dass der Geist Gottes „mit unaussprechlichen Seufzern“ für mich eintritt (Röm 8,26)?

III.3. Vier Versuchungen, das Gebet aufzugeben, und aktuelle Herausforderungen

Im Gebet suchte und fand Katharina die Gegenwart Gottes. Das *beharrliche* Gebet war für sie immer mehr zur Zwiesprache mit Christus geworden. „Seid darum nicht schläfrig, sondern beharrlich im Wachen, woraus beharrliches Gebet folgt“, mahnt sie in einem ihrer zahlreichen Briefe zum Thema Gebet (Brief 199).

Trotzdem ist auch das Gebet nicht vor Versuchungen gefeit! Wer schon eine Wegstrecke in der Beziehung zu Gott zurückgelegt hat, wird Zeiten erleben, in denen das beglückende Gefühl der Anwesenheit Gottes ausbleibt. Dies kann den/die Beter/in rasch in ***Verwirrung*** versetzen, vor allem, wenn der Mensch keine kompetente, geistliche Begleitung hat.

In einer solchen Erfahrung vermag der Mensch beginnen, sich das gewohnte, „innere Wohlbehagen“ allzu sehr herbeizusehnen und sich im Gebet weniger auf Gott und seinen Anspruch, sondern mehr auf unsere (ausbleibenden) religiösen Gefühle zu konzentrieren. Katharina erblickt darin ein Einfallstor der *Versuchung*, das Gebet vielleicht sogar früher oder später ganz aufzugeben. Sie warnt eindringlich davor: „Unterlasst das Gebet nicht und geht ihm nicht aus dem Weg. Denn der Teufel möchte nichts anderes, als uns des Gebets berauben!“ (Brief 187). „Wenn wir das Gebet unterlassen, kann er mit uns machen, was er will!“ (Brief 169A).

Als häufigen Schritt zur Entmutigung nennt Katharina die ***Trostsucht***, ein einsetzendes, sich krampfhaft auf Gefühle im Gebet konzentrierendes Verhalten. Davor warnt Gott selbst sie in einer visionären Begegnung: „Sucht die Seele die Tröstung nur auf ihre Weise, so erfährt sie Leid und Verwirrung, sobald sich der Gegenstand der Freude entzieht... Ich aber gewähre die Tröstung verschiedenartig, wie es meiner Güte gefällt und dem Bedürfnis der Seele entspricht.“ (Dialog, Kap. 68).

Wir dürfen dem Heiligen Geist keine Vorschriften machen, wie er uns im Gebet heimsucht, denn: „Vielfältig gewähre ich meine Gnade: Bald erfreue ich die Seele mit Fröhlichkeit, bald schicke ich ihr Missfallen und Reue über ihre Sünden, bald weile ich in der Seele, ohne dass sie es merkt, bald stelle ich ihr meine Wahrheit, das Mensch gewordene Wort (Jesus) in immer neuer Gestalt vor das Auge ihres Geistes, ohne dass sie Beglückung empfindet, oft aber wird sie gar nichts empfinden.“ Gott weiß, was für uns gut ist und was wir brauchen, auch in unserem Bemühen um ein gutes Gebetsleben!

Die angestrengte Konzentration auf unsere Gefühle im Gebet vermag uns schließlich sogar zur ***Vernachlässigung der Nächstenliebe*** zu verleiten: Katharina meint damit Menschen, die „ihr ganzes Vergnügen darein setzen, den eigenen Trost zu suchen. Ihrem Nächsten aber, den sie in geistiger oder zeitlicher Not antreffen, stehen sie nicht bei, sondern behaupten unter dem Vorwand der Tugend, sie verlören Frieden und Seelenruhe, verrichteten sie ihr Stundengebet nicht zur richtigen Zeit.“ (Dialog). Wenn auch das Gebet grundsätzlich erst die Voraussetzungen schafft zu rechtem und fruchtbringendem Handeln und am Anfang jeden Tuns stehen soll, sind doch *im konkreten Augenblick Gebete und Bußwerke der tätigen Nächstenliebe hintanzustellen.*

Wie weit ist doch so eine Haltung, wie sie Katharina lehrt, von strenger, engstirniger Gesetzesfrömmigkeit entfernt, wenn etwa Hilfesuchende unvorhergesehen bei uns anklopfen und spürbar Irritation und Nervosität auslösen, weil sie uns beim Gebet „gestört“ haben.

> „Wenn sie im Gebet keinen Trost finden, glauben sie, mich zu beleidigen.“
>
> (Gott in einer Vision
> zu Katharina von Siena,
> (Dialog, Kap.69)

Schließlich vermag auch ein ***Mangel an Dankbarkeit*** Gott gegenüber unser Gebet zu gefährden. „Undank aber lässt die Quelle der Frömmigkeit austrocknen“ (Brief 310). Der tägliche, dankbare Blick auf die Güte Gottes, die Betrachtung seiner Vorsehung, die wir in unserem Leben stets aufs Neue erfahren, hilft uns, unsere Beziehung als Geschöpf zum allmächtigen und allwissenden Gott im rechten Gleichgewicht zu halten und uns vor Anmaßung, auch im Gebet, zu bewahren.

Résumée und weitere Anstöße zum Nachdenken

Es ist ein weit verbreiteter Irrtum, zu meinen, ein Gebet wäre besonders Gott gefällig und wirkungsvoll, wenn es mit Glücksgefühlen verbunden ist. Diese Fehleinschätzung kann dazu führen, dass Verwirrung und Entmutigung eintreten, sobald das Wohlbehagen ausbleibt, so dass wir in Versuchung geraten, das Gebet aufzugeben.

Habe ich schon mit dem Gedanken gespielt, das Gebet aufzugeben?

Vertraue ich auf Gott, dass mein Gebet angenommen wird, auch wenn ich davon nichts spüre?

Ist mir schon klar geworden, dass die Ordnung in meiner „inneren Zelle“, die mir das treu geübte Gebet schenkt, Voraussetzung ist für eine dauerhafte Ordnung in meinem Leben?

Habe ich das tägliche Gebet sogar bereits entmutigt aufgegeben? Was hindert mich daran, HEUTE und JETZT wieder damit zu beginnen - in einem ersten, kleinen Schritt, dem Gott gewiss entgegenkommen wird?

> „Denn jetzt ist nicht die Zeit,
> sich selbst zu suchen und um der
> geistlichen Tröstungen willen
> Schmerzen auszuweichen,
> sondern jetzt ist die Zeit,
> sich selbst zu verlieren."
>
> (Katharina von Siena, Brief 327)

Wir dürfen es getrost Gott überlassen, welche Empfindungen er uns im Gebet schenkt, welche Gnadengaben wir wann und wie empfangen dürfen. Er allein weiß, was und zu welchem Zeitpunkt gut für uns ist. Darauf dürfen wir vertrauen.

Suche ich bewusst Trost und Glücksgefühle im Gebet?

Bin ich ernüchtert und enttäuscht, wenn die Freude ausbleibt?

Habe ich mir schon überlegt, ob ich das Gebet nicht zuweilen zu einem Werkzeug für mein Wohlbefinden degradiere und Gott nicht insgeheim dafür verantwortlich machen möchte, wenn meine Freude ausbleibt?

Das Gebet darf uns nicht daran hindern, die Nächstenliebe zu vernachlässigen. Unterbrechungen des Gebets durch Andere, die unsere Hilfe suchen, sind als Wille Gottes zu begreifen, dem Nächsten Aufmerksamkeit zukommen zu lassen, auch zu Zeiten des Gebets und der Betrachtung. Für Vielbeschäftigte oft eine große Herausforderung!

Betende Hände mit Blüten (Heise)

Halte ich in liebloser Strenge an meinen fixen Gebetszeiten fest, auch wenn ein Mensch in Not an meine Türe klopft?

Vermag ich mein Gebet bei augenblicklich geforderter Hilfestellung durch einen Mitmenschen ohne Nervosität und Bitterkeit zu unterbrechen?

Vermag ich als Vielbeschäftigte/r auch die nötigen Pflichten, die mich zuweilen am betrachtenden Gebet hindern, als aktuellen Anruf Gottes zu begreifen? Oder erlebe ich sie einzig und allein als Störquellen, die mir quälendes Unbehagen bereiten?

Benötige ich seelsorgerische Hilfe zur Gewissensbildung, wie weit ich mich in meinem Alltagsrhythmus für das Gebet von Verpflichtungen frei machen kann und darf, ohne die Nächstenliebe zu vernachlässigen?

Trotz der immensen Bedeutung des treuen, täglichen Gebets für uns und die Anliegen unserer Welt dürfen wir nicht den Eindruck erwecken, uns von den Mitmenschen über Gebühr abkapseln zu wollen. Wir tun gut daran, klug und mit Vernunft abzuwägen, wann, wie oft und wie lange wir uns zum Gebet zurückziehen, um nicht gegen die Nächstenliebe zu verstoßen.

Das Gebet ist wichtig, darf jedoch nicht zur Kränkung und Vernachlässigung des liebevollen Kontaktes zu Anderen, vor allem in der Familie, führen. Wir würden sonst in unserem gelebten Glauben eher abschreckend wirken und uns dann wundern, wenn der/die Ehepartner/in verstört reagiert oder unsere Kinder sich früher oder später von „diesem“ für sie befremdlichen Glaubensleben distanzieren.

Durch ein lieblos „strenges“ Gebetsleben, das die Bedürfnisse Anderer ignoriert, laufen wir Gefahr, einerseits unsere Mitmenschen unglücklich zu machen, zum zweiten aber auch unserem Missionsauftrag, einen anziehenden Glauben vorzuleben, nicht wirklich gerecht zu werden.

Habe ich manchmal den Eindruck, dass meine Mitmenschen (Ehefrau, Ehemann, Kinder) sich von meiner Gebetspraxis gestört, gekränkt, allein gelassen fühlen?

Habe ich schon Möglichkeiten erwogen, das Gebet besser in meinen Alltag zu integrieren, auch wenn die äußere Haltung dabei nicht „optimal“ ist, damit ich mich nicht (zu lange) räumlich zurückziehen muss?

Schaffe ich es, wenigstens im Urlaub mein Handy, mein Smartphone völlig auszuschalten, um ganz ungeteilt für meine Mitmenschen da zu sein?

In unserer globalisierten Welt stürmen unzählige Herausforderungen auf die christliche Nächstenliebe ein. Wir dürfen alle Anliegen ins Gebet einschließen; der Blick auf die unzähligen Übel, auf Kriege, Flüchtlingsdramen, Katastrophen vieler Art, vermögen uns trotzdem zur Mutlosigkeit verleiten. Unsere Ohnmachtsgefühle, als Einzelne meist kaum etwas bewirken zu können, bedrängen uns bis ins Gebet hinein.

Es hat den Anschein, dass viele Mitmenschen (auch) in immer wiedergekaute Formen der Vergangenheitsbewältigung vergangener Gräuel flüchten, um sich den aktuellen nicht stellen zu müssen, und übersehen dabei, dass sie den aktuellen Übeln damit weiterhin Vorschub leisten - Übel, die dann irgendwann wieder erst verspätet durch aufwändige Vergangenheitsbewältigung aufgearbeitet werden, nachdem erneut unzählige Opfer zu beklagen sein werden: Menschenhandel aller Art, Internetkriminalität in ihren verschiedenen, schrecklichen Ausprägungen, Kindesmissbrauch, aber auch die Zerstörung der Natur samt ihren Auswirkungen auf Menschen und Tiere, und vieles Andere mehr.

Sonnenuntergang über der kroatischen Adria (Manuel P. Heise)

Aber wir dürfen getrost sein: Auch wenn täglich dramatische Hilferufe aus aller Welt auf uns einstürmen, verlangt Gott nicht, dass wir uns ständig in den sozialen Medien bewegen, um immer über alles in aller Welt topinformiert zu sein. Schließen wir alle Anliegen ins Gebet ein, wird Gott es wirksam werden lassen. Wie und wo, brauchen wir nicht zu wissen, wir können es der Vorsehung Gottes anvertrauen. Wie tröstlich für uns, wie entlastend!

Werde ich manchmal mutlos, wenn ich auf die Kriege und Leiden in der Welt blicke, in der Meinung, mein bisschen Beten könne nichts bewirken bei dem Übermaß an Bösem in der Welt?

Glaube ich, für alles mitverantwortlich zu sein, was ich an Übeln täglich aus den Medien erfahre? Verwirrt mich das vermeintliche, für den Einzelnen nicht schaffbare Übermaß an solidarischer Verantwortung; erzeugt es diffuse Schuldgefühle, nicht genug zu tun? Oder gelingt es mir, mich innerlich von all den transportierten Forderungen aus aller Welt abzugrenzen und mich auf DAS „Nächste“ zu konzentrieren, das Gott MIR vor Augen stellt?

Flüchte auch ich mich lieber in erbarmungslose Vergangenheitsbewältigung, oder bin ich auch sensibel für heutige Problemfelder bzw. vermag Andere dafür zu sensibilisieren?

Über den vielen Anliegen des Bittgebets dürfen wir nicht darauf vergessen, Gott zu loben und ihm zu danken: für unser Leben, unsere Erlösung durch Tod und Auferstehung Jesu Christi, das Ewige Leben, Gottes ständige Anwesenheit in unserem Leben im Heiligen Geist: „Ich bin bei euch alle Tage bis ans Ende der Welt.“ (Mt 28,20)

Pflege ich neben dem Bitt- auch das Lob- und Dankgebet?

Habe ich schon einmal Überlegungen angestellt, was alles ich Gott zu verdanken habe - Vergangenes, Gegenwärtiges, Zukünftiges?

> „Euer himmlischer Vater weiß, dass ihr das alles braucht. Euch aber muss es zuerst um sein Reich und seine Gerechtigkeit gehen, dann wird euch alles andere dazugegeben.“
>
> (Mt 6,32f)

Jesus hat uns als Grundgebet das Vaterunser mitgegeben (Mt 6, 9-13; Lk 11, 2-4). „Betet ohne Unterlass“, schreibt Paulus (1 Thess, 5,17). Wie sollen wir dies verstehen? Das hohe Ziel ist, *das Leben selbst zum Gebet zu machen*, alles, was wir tun, im Namen Gottes und nach seinem Willen zu verrichten und Leid in Geduld zu ertragen. Eine Herausforderung für das ganze Leben.

Zeit der Dürre, Acrylmalerei, (Dieter Heise)

IV.

Unsere Beziehung zu Jesus Christus

„Ich habe meinen eingeborenen Sohn zur Brücke gemacht."

*Gott zu Katharina von Siena ,
Dialog von der Göttlichen Vorsehung, Kap. 33*

IV.1. Jesus Christus als unsere Brücke zu Gott

Wie etliche andere auch, so entstammt auch das Bild von der ***Brücke*** Katharinas visionärer Begegnung mit Gott selbst, wie sie in ihrem mystisch-theologischen Werk „Dialog von der göttlichen Vorsehung" festgehalten hat. „Ich habe dir gesagt", spricht Gott zu ihr, „dass ich mich der Welt erbarmen will. Aus Barmherzigkeit und unendlicher Liebe zum Menschen sandte ich das Wort, meinen eingeborenen Sohn, den ich dir im Gleichnis einer Brücke vorstellte, die sich vom Himmel zur Erde spannt." In den Kapiteln 20 bis 27 des „Dialogs" wird die gesamte Symbolik aufgefächert.

Auf Grund der Sündenschuld des Menschen, des „Ungehorsams Adams", wurde der Himmel und das „Tor des Erbarmens Gottes" verriegelt. Zugleich trieb die Schuld „Bedrängnisse und vielerlei Beschwerden" hervor. Der Mensch, ausgezeichnet mit dem ***freien Willen***, machte *sich selbst* das Leben immer schwerer, da seine Handlungen nicht mehr im Einklang mit der weisen Vorsehung Gottes standen! „Kaum hatte der Mensch gesündigt, wälzte sich ein ***reißender Strom*** daher; dessen Wellen warfen ihn unablässig hin und her und trieben ihm Mühsale und Widerwärtigkeiten zu... Ihr wart alle am Ertrinken, und keiner, er mochte noch so gerecht sein, konnte zum Ewigen Leben gelangen." Ein Durchschwimmen oder Durchtauchen durch die entfesselten Fluten des

Überdachte Brücke über die Schwechat, Stift Heiligenkreuz im Wienerwald, Phil.-Theol. Hochschule Benedikt XVI (Heise)

finsteren Lebens ist nicht möglich - stürmische Wasser als altes Bild für die Welt, die nicht Heimat und Ziel des Menschen entsprechen.

Blick von der Traunfallbrücke, Oberösterreich (Heise)

Gott selbst musste also kommen in seinem Sohn Jesus Christus, um „die Fäulnis der Sünde Adams auszumerzen" und uns den Weg ans ***rettende Ufer***, die Vergebung der Sünden und das Ewige Leben, zu bahnen. Anders war es nicht möglich, den unterbrochenen Weg der Menschen zum Himmel wieder herzustellen; von der Erde aus hätte man die Brücke „.nicht in einer solchen Größe errichten können, dass sie ausgereicht hätte, den Strom zu überspannen und euch das Ewige Leben zu vermitteln; hätte die menschliche Natur nicht ausgereicht... So verdemütigte sich die Erhabenheit meiner Gottheit zum Lehm eurer Menschennatur“: Jesus Christus.

Die Brücke wird ausgeführt als mit *„**drei Staffeln**“* versehen, die Katharina uns im nachfolgenden Kapitel genauer erörtern wird. Gleichzeitig fügen sich in diesen Zusammenhang auch die ***drei Seelenkräfte*** nahtlos ein: Die Brücke ist in die Höhe gebaut und zugleich mit der Erde verknetet, und „keiner konnte sie betreten, bevor sie nicht erhöht worden war, und deshalb sagte Jesus: ‚Wenn ich erhöht sein werde, werde ich alles an mich ziehen‘ (Joh 12,32)“. Zieht das Liebesbegehren des Menschen Herz empor, wird es mit den drei Seelenkräften (Verstand, Gedächtnis und Wille) „emporgerafft“. „Sind diese drei Kräfte in meinem Namen gestimmt und versammelt, dann werden auch die übrigen Handlungen, leibliche wie geistige, emporgezogen und mir wohlgefällig in der Liebesbegierde vereint.“

Doch damit nicht genug! Vor dem Bau der Brücke ist der Himmel durch den *„**Regen der Gerechtigkeit**“* noch verschlossen gewesen. Um uns den Weg zum Heil jedoch dauerhaft zu besiegeln, hat Gott die Brücke zusätzlich mit einem stabilen ***Dach des Erbarmens*** versehen! Lassen wir das Bild auf uns wirken: Jesus Christus als unsere Brücke, ***mit Barmherzigkeit überdacht***! Wie tröstend in der Ausweglosigkeit so mancher Lebenslage, wie Gottvertrauen erweckend ist dieses Bild! Und welche *Verant-*

wortung für die Kirche, vor allem wenn es um prekäre Lebenssituationen geht!

Und noch eine Überraschung erwartet uns, wenn Gott zu Katharina fortsetzt: „Auf der Brücke liegt auch die ***Herberge*** im Garten der heiligen Kirche, die das ***Brot des Lebens*** verwaltet und spendet und das ***Blut*** zu trinken gibt, damit die wandernden Pilger, meine ermüdeten Geschöpfe, nicht vollends ermatten. Deshalb hat meine Liebe angeordnet, dass euch das Blut und der Leib meines eingeborenen Sohnes, der ganz Gott und ganz Mensch ist, gereicht werde." Eine Schlüsselstelle, denn: Es ergäbe keinen Sinn, wenn Gott den Menschen den Weg über die (mit Barmherzigkeit überdachte!) Brücke gebaut hätte, um dann ausgerechnet den Geschwächtesten in der Kirche Speise und Trank zu verweigern.

> „Ist die Brücke überquert, so gelangt
> man zur Tür, und die Brücke selber
> ist diese Tür, durch die alle eintreten
> müssen.
> Wer diesem Weg folgt und durch
> das Tor der Wahrheit eintritt,
> ist mit mir, der ewigen Wahrheit,
> dem **Meer des Friedens**, vereint."
>
> (Katharina von Siena, Dialog, Kap.27)

Résumée und kurze Verdeutlichung der Bedeutung Jesu Christi

In diesem zentralen Gleichnis der Schriften Katharinas von Siena erscheint Jesus Christus als Brücke zwischen Himmel und Erde. Auf Grund der Sünden der Menschen - ausgestattet mit dem freien Willen, zwischen Gut und Böse zu wählen - hat sich zwischen Himmel und Erde ein reißender Strom gebildet, welcher uns den Weg zum Ewigen Leben versperrte. Nach der Abkehr von Gott wäre kein Mensch je in der Lage gewesen, die Fluten des Unheils zu überwinden oder zu durchtauchen.

Wie ist meine Einstellung zum „Sündenfall" (Gen 3)? Halte ich die Geschichte vom Sündenfall Adams und Evas für ein nicht Ernst zu nehmendes Märchen aus vergangenen Tagen? Oder habe ich verstanden, dass es sich hier, wie auch bei anderen alttestamentlichen Texten, um eine Weisheitsgeschichte mit tiefer Symbolik handelt?

Benötige ich Aufklärung über die literarischen Stilmittel der Bibel, um diese besser verstehen zu können?

Da griff die Vorsehung Gottes in geradezu unfassbarer Weise ein, indem er sich selbst entäußerte und uns seinen Sohn sandte, empfangen durch den Heiligen Geist und geboren aus der Jungfrau Maria: Jesus Christus, Gott und

Mensch zugleich. Er hat 33 Jahre unter den Menschen gelebt, sie innerhalb der letzten Jahre den Willen Gottes gelehrt und unzählige Kranke und „Besessene“ spontan geheilt. Zahlreiche Menschen scharten sich als seine ständigen Jünger/innen und zugleich Schüler/innen um ihn. Unter ihnen wählte Jesus 12 Apostel aus und ernannte Simon Petrus zum „Felsen“ (der erste Papst), auf dem er seine Kirche bauen werde.

"Ich bin der Weg,
die Wahrheit
und das Leben!
Niemand kommt zum Vater,
außer durch mich!

(Joh 14,6)

Die Ansprüche Jesu,
der im Alten Testament verheißene Messias (Gesandte Gottes) zu sein,
als Sohn Gottes und König „nicht von dieser Welt“ anerkannt zu werden,
sowie sein entschiedenes Auftreten gegen die rein äußerlichen Praktiken der Pharisäer und Schriftgelehrten
sowie deren schikanöse, kleinliche Gesetzesvorschriften, die am Wesentlichen des Glaubens vorbeigingen,

führten schließlich zu seiner Verurteilung und der Hinrichtung am Kreuz auf Golgotha.
Am dritten Tag ist Jesus auferstanden (Ostern), aller strengen Bewachung und dem Verschluss des Grabes durch einen schweren Felsbrocken zum Trotz.
Nach zahlreichen Begegnungen mit dem Auferstandenen, seiner Heimkehr zum Vater („Himmelfahrt"),
sowie der Sendung des Heiligen Geistes (Pfingsten)
haben die Apostel und deren Nachfolger/innen den christlichen Glauben auf unvergleichliche Weise auf der ganzen Welt verbreitet.

Wie ist meine Einstellung zu Jesus Christus? Glaube ich an ihn als Sohn Gottes und Erlöser der Menschheit?

Glaube ich an die Auferstehung Jesu? Habe ich erfasst, dass sie das Herzstück des Glaubens ist; dass der christliche Glaube EINZIG im Lichte der Auferstehung seinen Sinn entfaltet?

Vermag ich die unaussprechliche Liebe Jesu mir gegenüber zu erwidern?

Vernehme ich seine Anwesenheit in meinem Inneren, wenigstens zuweilen?

Was trage ich zu einer innigen Christusbeziehung bei, im Gebet, durch regelmäßige Schriftlesung und/oder an Hand anderer, geeigneter Lektüre aus dem reichen mystischen und theologischen Schatz der Kirche?

Welche Erfahrung Katharina zum Gleichnis mit der Brücke inspiriert haben mag? Sehr wahrscheinlich ist, dass ihr, der Toskanerin, die Brücke von Florenz zum Vorbild gedient hat, aus festem Stein gebaut und zum Schutz der Überquerenden mit einem Dach versehen. Und noch ein nicht unwesentliches Detail zeichnet diese Brücke aus: Auf ihr befindet sich sogar ein Gasthaus, um die „müden Wanderer" zu laben!

Eine Wahrnehmung als Inspiration für Katharina, um uns wieder neu zu ermutigen, uns mit Christus auf den Weg zu begeben, der mit ihm und zu ihm ins Ewige Leben führt.

IV.2. Die Eucharistie als innigste Verbindung mit Jesus

Das Herzstück unseres Glaubens, die ***Eucharistie***, ist nicht nur Gläubigen ein Begriff! Vor allem ihre Einsetzung durch Jesus beim ***Letzten Abendmahl*** (am „Gründonnerstag“) hat große gleichsam wie weniger bedeutende Künstler/innen immer wieder zur Darstellung bewogen, allen voran *Leonardo da Vinci*.

In einem Atemzug spannt Katharina einen „***Kanal***“ von der Einsetzung der Eucharistie hin zum „***Tisch des Kreuzes***“. Während Christus sich im Abendmahlssaal erstmals in den Gestalten von Brot und Wein unblutig als Opfergabe darbringt, indem er sie (*real*, aber für den menschlichen Geist unfassbar) in ***seinen Leib und sein Blut*** verwandelt, ist diese erste Eucharistiefeier kurz danach am Kreuz blutige Realität geworden. Die tiefste Heilswirklichkeit unseres Glaubens, auf einen Punkt gebracht und besondere Betrachtung wert!

Katharina von Siena hatte einen ganz besonders tiefen Bezug zur Eucharistie. Sie führt den Adressaten und Adressatinnen ihrer Briefe immer wieder vor Augen, dass es sich in der Einsetzung der Eucharistie um keine bloße Verbrüderung oder Solidarisierung Gottes mit dem Menschen gehandelt hat, sondern um eine ***zutiefst existentielle Verbindung***, die in den Wandlungsworten im Abendmahlssaal ihre wunderbare Besiegelung findet: eine existentielle Verbindung Christi mit allen Getauften, welche ***in der Verwandlung von Brot und Wein in Leib und Blut Christi ihre Vollendung erfährt*** (Brief 101). Jesus Christus hat sein Blut für uns vergossen, das vermischt ist mit dem „lebendigen Kalk des Feuers seiner brennenden Liebe“ und hat mit diesem „*Mörtel*“ für die menschliche Seele eine „*Mauer*“ errichtet, die so stark ist, „dass kein widriger Wind sie niederwerfen kann, es sei denn, wir würden sie selber zerstören *wollen*.“ (Brief 36).

Jesus und Johannes beim Letzten Abendmahl, Berggasthof Urz'n, Gmundnerberg, Ausschnitt, unbek. Künstler (Heise)

Der menschlichen Vernunft drängt sich immer wieder die Frage auf: *Warum* hat Gott sich so unbegreiflich viel „angetan“ um des Menschen willen? Warum auch seine Einsetzung der Eucharistie?

Katharina gibt uns drei Antworten:
Die erste Erklärung ist die ***unermessliche Liebe Gottes***.
Die Liebe liegt in Gottes tiefstem Wesen, ja ***Gott ist die Liebe*** (1 Joh 4,8)!
Zweitens wurde die „*Wärme* des Blutes“ als „***Frucht der Erlösung***“ dem Menschen zur ***Stärkung der Gottes- und Nächstenliebe*** geschenkt als eine ***Speise gegen das Vergessen***: „Tut dies zu meinem Gedächtnis!“ (Lk 22,19 u.a.). Es ist notwendig für unseren Glauben und unsere Treue zur fehleranfälligen Kirche, dass wir uns *das Erlösungswerk Christi als Herzstück unseres Glaubens immer wieder vergegenwärtigen*!
Drittens wurde die Eucharistie eingesetzt ***zur Heilung unserer Krankheiten.*** „Nicht die Gesunden brauchen den Arzt, sondern die Kranken!“ (Mt 9,12). Zu diesen bedürftigen „Kranken“ in der Kirche zählen neben physisch und psychisch Erkrankten auch jene, deren Lebensentwurf gescheitert ist, deren Lebensführung aus unterschiedlichen Gründen und trotz ehrlichen Bemühens nicht mehr dem evangeliumsgemäßen Ideal zu entsprechen vermag.

Beachtenswert - bei aller Berücksichtigung einer noch umfassenderen Weite des Begriffes „***Blut***“ bei Katharina - ist es die grundsätzliche Identifikation des Blutes Christi mit dem Sakrament der Eucharistie, die immer mitschwingt und mitgemeint ist. Der Begriff „Blut“ ist bei Katharina vom Sakrament der Eucharistie niemals zu trennen.

> **„Nährt und sättigt euch von seinem Blut!“**
>
> (Katharina von Siena, Brief 134)

Denn: Für Katharina enthüllt sich in der Betrachtung des Blutes Christi nicht weniger als *die gesamte Wahrheit über Gott und den Menschen*: Gott ist Leben und Liebe in Fülle, er hat den Menschen aus Liebe geschaffen und nach dem Sündenfall ***neu geschaffen im Blut seines Sohnes Jesus Christus***. In seinem Blut lässt sich deshalb ***das ganze Erlösungswerk zusammenfassen,*** auf diesen einen Punkt konzentriert. Im Blut Christi verbinden sich auch die Ausdrücke Kreuz, Liebe und Leben und verschmelzen zu einer Einheit, es wird zu einem ***Synonym des Heiles***.

„Unsere Herzen müssten vor Liebe zerspringen“, ruft Katharina in einem Schreiben nach Avignon aus, „wenn wir sehen, was durch sein Blut vollbracht wird... Wer könnte sich hier noch mehr wünschen? Wer wollte da noch zu den trüben Wassern der Welt gehen mit ihren traurigen, ausgelassenen Freuden? Lasst diese Steine unserer verhärteten Herzen in dieser Hitze zerschmelzen!“ (Brief 181).

Résumée und Anstöße zur Gewissenserforschung

Beim Letzten Abendmahl hat Jesus - angetrieben durch unermessliche, göttliche Liebe zu uns Menschen - Brot und Wein in seinen Leib und sein Blut verwandelt und den Aposteln aufgetragen: „Tut dies zu meinem Gedächtnis“. Drei Evangelien berichten davon (Mt 26, 26-29, Mk 14,22-25, Lk 22,15-20) sowie der 1.Korintherbrief (1 Kor 11,23-26).

So geschieht es bis zum heutigen Tag und wird es weiter geschehen bis zum Ende dieser Welt, eingegossen in einen, sich im Laufe der Kirchengeschichte immer weiterentwickelten, äußeren Rahmen. In der Heiligen Messe, wie wir sie heute feiern, ist der eigentlichen Eucharistiefeier (Opferung, Wandlung und Kommunionempfang) der Wortgottesdienst vorangestellt mit dem Evangelium als Höhepunkt. An den Sonntagen und einigen „gebotenen“ Feiertagen ist die Mitfeier der hl.Messe von der Kirche im Gewissen verpflichtend vorgeschrieben. Vor dem Kommunionempfang gilt nur mehr ein Nüchternheitsgebot von einer Stunde (klares Wasser ausgenommen).

Feiere ich an Sonntagen und den kirchlich „gebotenen“ Feiertagen die Heilige Messe mit?

Kenne ich mich aus mit der Bedeutung der einzelnen Elemente der Messfeier? Habe ich Erklärungsbedarf?

Was hindert mich an der sonntäglichen Mitfeier des Gottesdienstes? Wie kann ich diese Hindernisse beseitigen? Wer kann mir dabei helfen?

Ist mir bewusst, dass meine tatsächliche, physische Anwesenheit zur aktiven Mitfeier gefordert ist? Dass die Mitfeier einer Fernsehübertragung vor dem Bildschirm nur bei Verhinderung (Krankheit, Notfall, sonstige Unfähigkeit zur Anwesenheit in der Gemeinde) ausreicht?

Falls ich zuweilen verpflichtet bin, am Sonntag zu arbeiten: Vermag ich meine Tätigkeit als Dienst an der Sonntagskultur Anderer zu verstehen und nach bester Möglichkeit für sie mitzugestalten?

Versuche ich als Dienstgeber/in, meinen Untergebenen den Sonntag nach Möglichkeit frei zu halten? Nehme ich im Bedarfsfall besondere Rücksicht auf Familienmütter und -väter?

Im Empfang der hl.Kommunion findet eine zutiefst existentielle Vereinigung der Getauften mit Christus statt. Wir können dieses Geheimnis nur im Glauben tiefer zu erfassen suchen, es wird uns hier auf Erden noch verborgen bleiben. Es kommt Gott auf diesen Glauben, den echten Willen zum Glauben an: Immer wieder hat Jesus an jene, die ihm begegneten und etwas von ihm wollten, erst einmal die Frage gerichtet: „Glaubst Du?“ Wir dürfen uns nicht wundern, wenn wir mit Glaube und Kirche so wenig klarkommen und nur wenig ausrichten in den Gemeinden, wenn wir diese Voraussetzung für das Wirksamwerden Gottes nicht zu erfüllen trachten: unser stetes Bemühen um unseren eigenen Glauben!

Glaube ich an die geheimnisvolle Existenz Christi in der Eucharistie?

Bemühe ich mich um einen tiefen Glauben in Gebet und Schriftlesung, durch Teilnahme an geeigneten, kirchlichen Veranstaltungen und Vorträgen?

Habe ich Glaubensfragen, die mich bewegen? Habe ich mich schon um Auseinandersetzung damit bemüht?

Wie ist es um meine Sammlung beim Kommunionempfang bestellt? Ist mir bewusst, dass es nicht auf die äußere Form (Hand- oder Mundkommunion), sondern auf meine innere Haltung und meinen Glauben ankommt?

„Die Frucht dieses Tisches ist vollkommen, weil er das Leben gibt.“

(Katharina von Siena, Brief 208)

> **„Ich habe mich sehr**
> **danach gesehnt,**
> **vor meinem Leiden**
> **dieses Paschamahl**
> **mit euch zu essen."**
>
> (Lk 22,15)

Der Begriff der „Eucharistie" stammt aus dem Griechischen und bedeutet *Danksagung*. Für viele in der Kirche reduziert sich das Verständnis der Verwandlung von Brot und Wein in Leib und Blut Christi auf diesen Aspekt der Danksagung.

Daneben beschränkt sich der Kommunionempfang (auch wegen der Größe der Gemeinden) zumeist allein auf den Empfang des Leibes Christi im verwandelten *Brot*. Die Konzentration auf das Brot *allein* hat ein, wie es scheint, verengtes, leicht erfassbares Eucharistieverständnis zur Folge gehabt: ein gleichnishaftes, symbolhaftes Teilen des Brotes mit den Bedürftigen auf der Welt im Sinne der Nächstenliebe. Gedächtnisfeier mit Danksagung und Motivation zu tätiger Nächstenliebe: *eine* logische Schlussfolgerung, die aber *nur einen* Aspekt des eucharistischen Geheimnisses abdeckt.

Die Kelchkommunion ist in den Hintergrund getreten (wenngleich es dankenswerter Weise immer wieder Gemeinden gibt, in denen sie zumindest fallweise wieder Einzug gehalten hat). Auch deshalb ist es für uns erforderlich geworden, auf das *Blut* Christi wieder mehr Augenmerk zu legen. In den Strömen des durch Christus für unser Heil am Kreuz herabgeflossenen Blutes ist - in mystischer Sichtweise - ein „Kanal" gelegt worden, durch den das Kreuzesopfer Christi *weiterhin reale Wirklichkeit* geblieben ist und bleibt: in jeder Eucharistiefeier findet die *unblutige Erneuerung des blutigen Kreuzesopfers Christi* statt.

Verstehe ich die Eucharistiefeier als bloß symbolische Handlung, als reine Gedächtnisfeier an das Letzte Abendmahl, oder hat sie eine reale Bedeutung für mich, mein eigenes Leben?

Mache ich mir bei jeder Messfeier bewusst, dass in der „Wandlung" die tatsächliche, geheimnisvolle und für meine Sinneswahrnehmung noch unzugängliche, dauerhafte Verwandlung des Brotes in den Leib Christi und des Weines in das Blut Christi stattfindet?

Glaube ich wirklich an die Vereinigung mit Christus im Empfang der Kommunion?

Spätestens hier stellt sich die Frage, wer überhaupt „würdig" sein könnte, Leib und Blut des Sohnes Gottes zu empfangen! Wir erinnern uns: Der Auftrag Jesu hingegen ist eindeutig: „Tut dies zu meinem Gedächtnis". Wirklich *würdig* ist tatsächlich *niemand*, wird Katharina von Siena nicht müde zu betonen. Aber in der regel-

mäßigen Beichte - das Intervall mag jede/r für sich selbst finden - ist ständige Erneuerung möglich, welche ein Fortschreiten in der Heiligung des Menschen bewirkt. Zur Heiligkeit sind wir aufgefordert und berufen.
(1 Petr 1,15f)!

Habe ich eine diffuse Angst, für den Kommunionempfang nicht würdig zu sein? Habe ich schon Rat gesucht?

Ist mir schon klar geworden, dass zur inneren Erneuerung die regelmäßige Beichte wichtig ist? Praktiziere ich sie?

Habe ich eine Beichte vor dem Kommunionempfang unbedingt nötig, da ich in schwere Sünde gefallen bin? Sind tatsächlich *alle drei* Kriterien dafür vorhanden: sehr schwerwiegende Verfehlung, klare Erkenntnis der Schuld, freier Wille bei der Ausübung der Tat?

Habe ich (nur) Angst, vielleicht eine schwere Sünde begangen zu haben? Angst, diese zu beichten, so dass ich die Beichte schon lange aufgeschoben habe? Warum überwinde ich nicht gleich HEUTE diese Angst und vertraue mich einem Seelsorger an, der mir geeignet scheint?

Ist mir klar, dass auch die hilfreichste, kompetenteste Internetberatung die Lossprechung in der persönlichen Beichte als Sakrament nicht zu ersetzen vermag?

Es liegt an uns, ob beziehungsweise wie das Sakrament der Eucharistie in uns seine Wirkung zu entfalten, uns allmählich *in Christus hinein zu verwandeln* vermag: „So groß wird euer Anteil sein... an den Gnadengaben des Sakraments, als die Sehnsucht groß ist, mit der ihr euch bereit macht, es zu empfangen“ (Dialog, Kap.110).

Fühle ich mich vielleicht durch Gläubige abgeschreckt, die trotz Kommunionempfanges als Christen wenig Beispiel geben?

Gebe ich selbst ein gutes Beispiel? Bedenke ich, dass es an meinem Dazutun liegt, wie weit die Gnade Christi in mir wirksam wird?

Mit dem sonntäglichen Gemeindegottesdienst, in dem Christus real unter uns gegenwärtig ist, hat uns Gott wunderbar beschenkt. Es stellt sich die Frage, wie weit uns dies bewusst ist, ob wir davon sichtbar Zeugnis ablegen in unserer Ausstrahlung, in unserem Verhalten, in einer gepflegten Sonntagskultur, die sich sichtbar vom Alltag unterscheidet!

„Am siebenten Tag ruhte Gott“ (Gen 2,2f): Wie wesentlich ist die Sonntagskultur geworden in einer Gesellschaft, in der Geld und Gewinnmaximierung solch immense Bedeutung gewonnen hat, dass mächtige Kräfte

Die "Standard-Stars" Irene und Dieter Heise vor der Mosaikkopie des Abendmahlsbildes von Leonardo da Vinci, Minoritenkirche Wien (S.Chocianowski)

aus unterschiedlichsten Richtungen beharrlich zur Abschaffung der christlichen Sonntagskultur drängen.

„Legt als neues Gewand den Herrn Jesus Christus an!“ (Röm 13,14). Die tiefe Symbolik des weißen Kleides, das wir anlässlich unserer Taufe empfangen haben, möge uns gerade an den Sonntagen weiter begleiten!

Wie steht es mit der Sonntagskultur bei mir persönlich und in der Familie? Gibt es einige, wenn auch nur bescheidene Sonntagsrituale, wie etwa ein festlich gedeckter Tisch, die meinen Mitmenschen signalisieren: Heute ist der Tag des Herrn?

Bemühe ich mich an Sonntagen um gepflegtere, einigermaßen festliche Kleidung und leite auch meine Kinder dazu an?

Verzichte ich wenigstens an Sonntagen - auch und besonders zum Dienst am Altar! - auf abgetragene, schlampige Sweatshirts, abgewetzte, löcherige Jeans und abgetretene, verschmutzte Turnschuhe zugunsten kultivierter Kleidung (die nicht unbedingt teuer sein muss)?

Bin ich mir meines, in unseren Tagen so wichtigen, gelebten Beispiels für die Bedeutung des Sonntags für das Christentum überhaupt bewusst?

Bin ich bereit, zur Feier des Sonntags nötigenfalls wirtschaftliche oder gesellschaftliche Nachteile in Kauf zu nehmen?

Nehme ich mir besonders an Sonntagen ausreichend und ungeteilt (!) Zeit für meine Frau, meinen Mann, meine Kinder? Hat ungezwungene Fröhlichkeit darin Platz, abseits von Leistung?

Schalte ich mein Handy, mein Smartphone ganz aus? Schaffe ich es, für meinen Chef, meine Chefin an diesem Tag unerreichbar zu sein?

Vergegenwärtigen wir uns bewusst das für ein menschenwürdiges Leben unverzichtbare Geschenk des einen, vom Schöpfer angeordneten, freien Tages in der Woche, das uns Menschen, ja auch sogar unserem Vieh, als drittes der Zehn Gebote gegeben ist (Ex 20,10f)!

IV.3. Das eigene Leben auf Jesus ausrichten: Drei Stufen auf dem Weg

Nicht zufällig hat Katharina von Siena ihre Briefe meist im Namen des gekreuzigten Jesus Christus eröffnet, „in seinem kostbaren Blut". So wird Katharina nicht zufällig mit erhobenem Kreuz dargestellt. Sie erlebt Christus als Lehrmeister, der die „***Lehrkanzel des Kreuzes***" bestiegen hat. Es ist ein Lehrstuhl der Liebe: Nägel und Stricke wären niemals in der Lage gewesen, den Sohn Gottes am Kreuz festzuhalten! Es war vielmehr die unaussprechliche Liebe, die ihn ans Kreuz fesselte. (Briefe 101, 316; Dialog, Kap.26).

Den Weg zu einer tiefen Beziehung zu Jesus Christus bezeichnet Katharina als ***„Aufstieg auf das Kreuz in drei Staffeln"***. Auch damit hat sie bereits eine Metapher eines karmelitischen Heiligen vorweggenommen: den „Aufstieg zum Berg Karmel" bei *Johannes vom Kreuz*, dem dieser ein ganzes Werk gewidmet hat. Katharina stellt den Weg empor *auf das Kreuz* in den Mittelpunkt, als „Aufstieg in drei Staffeln" (drei Stufen) auf den gekreuzigten Christus: Füße, Seitenwunde und Mund Christi.

Die drei Stufen bedeuten die *drei Zustände des vollkommenen Lebens:* Die erste Stufe steht für noch unvollkommene Sehnsucht, die zweite für vollkommenere, die dritte für die vollkommenste, beglückendste Stufe der Nähe zu Gott, die der Mensch erreichen kann.

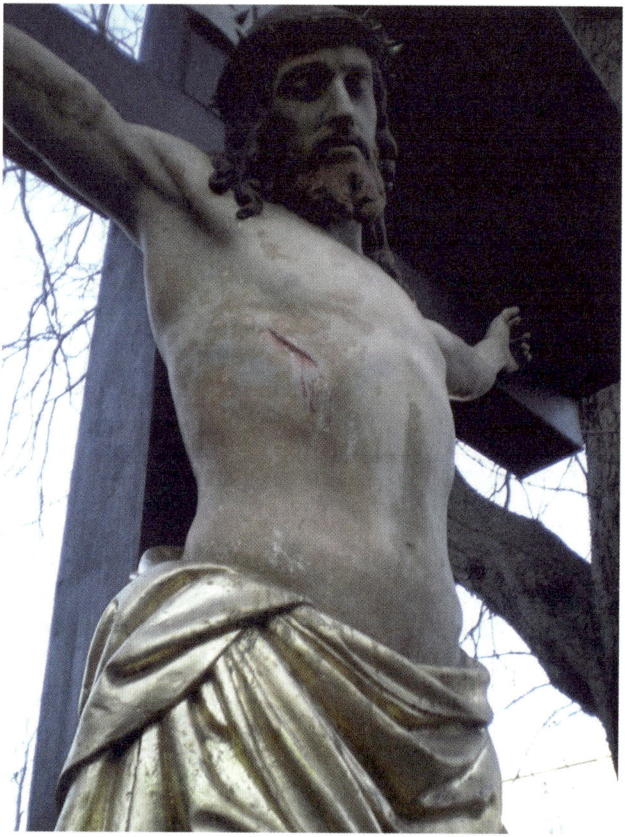

Wegkreuz Wilhelminenstraße 94 , 1160 Wien, unbekannter Künstler (Heise)

Wie kommt es zu einem „Durst" nach Gott? Durch die Gnade, die Gott uns in unserem Bemühen um ein Leben nach seinem Willen schenkt, beginnt der Mensch echten „Durst**"**, ***sehnsüchtiges Verlangen nach der Ehre Gottes und dem Heil der Mitmenschen,*** zu verspüren. Damit beginnt der wahre „Aufstieg“ der Seele zu Gott, der allein alle menschliche Sehnsucht zu stillen vermag.

Auf der ersten Stufe, die für die ***Füße*** des Gekreuzigten stehen, erwacht das Liebesbegehren, welches Verstand, Gedächtnis und Wille verstärkt mobilisiert und die *Selbsterkenntnis* fördert: Wer bin ich überhaupt, wie stehe ich vor Gott? Dadurch ist der Mensch in der Lage, sich über sich hinaus zu erheben und seine Sinne immer mehr auf den Willen Gottes auszurichten. Als Erkennungszeichen dient, dass vergängliche Dinge allmählich an Bedeutung verlieren. „Erstens will ich“, spricht Jesus zu Katharina, „dass du zu den Füßen am Kreuz kommst; das heißt, ich will, dass du alle irdischen Bestrebungen aufgibst.“ (Supplementum, 43). „Erhebe dich, meine Tochter, und steige an mir empor! Und damit du emporsteigen kannst, habe ich dir eine Treppe gemacht, als ich am Kreuz festgenagelt war. Steig zuerst hinauf zu meinen Füßen, das heißt, zum *liebenden Verlangen*. Denn wie die Füße den Leib tragen, so trägt das Verlangen die Seele. Auf dieser Stufe wirst du dich selbst erkennen.“ (Brief 74).

Auf der zweiten Stufe, dargestellt durch die ***Seitenwunde*** des Herrn, hat sich der Verstand bereits so tief in die Liebe Christi versenkt, dass die „Freuden der Welt“ für die Seele keine wirkliche Verlockung mehr darstellen. Auf dieser Stufe gedeihen die *Tugenden;* der Mensch entdeckt das Geheimnis des liebenden Herzens Jesu und beginnt, *seine Liebe zu „verkosten“, indem er ihm das „Gefäß* *seines Herzens" hinhält*, „das jetzt jeglicher Anhänglichkeit und unordentlichen Liebe zu den Weltdingen entleert ist." (Dialog, Kap. 54). „Dann wirst du zur geöffneten Seitenwunde gelangen. Durch diese Öffnung zeige ich dir mein Geheimnis, nämlich das, was ich in der Liebe meines Herzens getan habe." „Ihr werdet die Wärme der göttlichen Liebe spüren und die unendliche Liebe Gottes erkennen", verheißt Katharina einem ihrer zahlreichen, interessierten Schülerinnen und Schüler. (Brief 104).

> "Wir wollen uns
> in der Seite des gekreuzigten
> Jesus Christus verbergen."
>
> (Katharina von Siena, Brief 331)

Auf der dritten Stufe, dem ***Mund*** Christi, verharrt Katharina *„in unaussprechlicher Ruhe und in unaussprechlichem Frieden."* (Supplementum, 43). Der Biograf weiß, was er sagt, hat er doch Katharinas Ekstasen als einer ihrer Schüler und Begleiter immer wieder miterleben dürfen. Und er vermag offenkundig nicht genug von ihren unermüdlichen Werken der Nächstenliebe, erwachsen aus tiefster Innerlichkeit, zu berichten! „Hier erfahren wir einen so großen Frieden und eine so große Ruhe", gibt Katharina ihre Erfahrungen wieder, „dass wir - gleichsam in die Höhe gehoben - von keiner Bitterkeit mehr berührt werden. Dieser Mund ist das friedliche Ruhelager, wo die Seele ausruhen kann.“ (Brief 74). Christus selbst hat ihr verheißen: „Die Seele geht durch das Tor des Gekreuzigten ein und verkostet das ***lebendige Wasser***, bis sie in mich, das ***Meer des Friedens***, mündet.“ (Dialog, Kap. 54; nach Joh 4,13f!).

Welch hoheitsvolle, fordernde Metaphern in der Kreuzesmystik Katharinas! Es gilt sicherlich, sich behutsam in Gebet und Meditation an die spirituelle Tiefe Katharinas anzunähern und sich von den (uns vielleicht anfänglich als Überforderung anmutenden) mystischen Inhalten nicht abschrecken zu lassen. Was wir einzig benötigen, um Katharina zu begreifen, ist eine *echte, innere Offenheit für die mystischen Elemente unseres Glaubens*.

Mut und Kraft zum Fortschreiten in einer lebendigen Christusbeziehung dürfen wir noch heute von Gott erbitten. „Schwingen wir uns hinauf auf den Baum des heiligsten Kreuzes!“ (Brief 172).

Résumée und Anstöße zur Besinnung

Unser Weg näher zu Jesus ist vergleichbar mit einem Aufstieg auf das Kreuz in drei Stufen, über die Füße und die Seitenwunde am Herzen bis zum Mund Jesu. Letztes Ziel ist Christi Mund, dem aus Liebe zu uns Menschen nach Erwiderung seiner Liebe dürstet. Katharinas Anliegen ist es, dass wir in der Liebe zu Gott und den Mitmenschen wachsen, um den Durst Jesu nach unserer Liebe zu stillen. Damit werden *zugleich* alle *unsere* Sehnsüchte gestillt, da wir nur in Gott die Erfüllung unseres Lebens und Sehnens, unseren wahren Frieden finden.

Wie steht es mit meinem Grundvertrauen in Gott?

Ist mir gewiss, dass ich Gott immer und alles anvertrauen kann?

Dass vor Gott mein Bemühen zählt und nicht das „perfekte" Ergebnis?

Dass ich auch scheitern darf und Gott mir immer wieder einen Neubeginn ermöglicht?

Oder muss ich erst wieder Vertrauen fassen, da mein Inneres verschüttet scheint durch Enttäuschungen und Scheitern? Benötige ich dazu Hilfe?

Nehme ich manchmal an der Eucharistischen Anbetung in meiner Gemeinde oder in einer Klosterkirche Teil?

Auf der ersten Stufe, zu Jesu Füßen, geht es für uns darum, sich „auf die Beine" zu machen, von Abhängigkeiten zu befreien, vergängliche Dinge weniger wichtig zu nehmen und unsere Sinne mehr auf Gott auszurichten. Wir sollen Mut fassen, uns aufzuraffen und damit *beginnen*, uns Christus am Kreuz zu nähern, wenn auch in ganz kleinen Schritten. Gott wird uns entgegenkommen und uns reich beschenken! Auch wenn wir anfangs noch kaum viel davon verspüren.

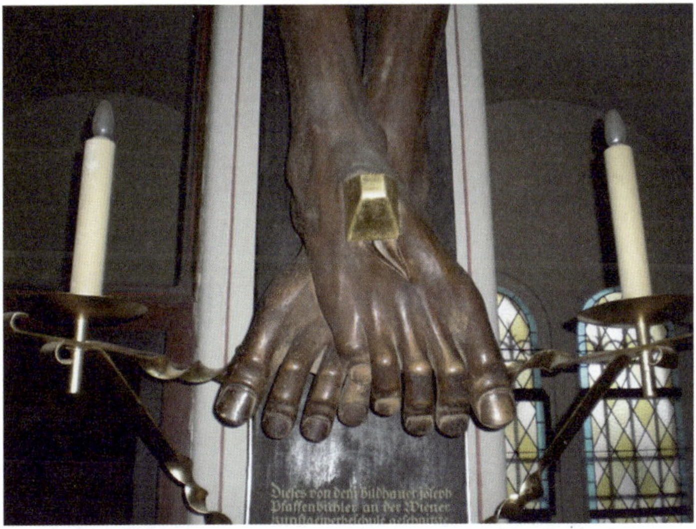

Füße des Gekreuzigten, 7,5 m langes Riesenkruzifix von Josef Pfaffenbichler, Karmelitenkirche, Wien 19, (Heise)

Wie sehr hängt mein Herz an materiellen Dingen?

Muss ich stets das Neueste haben, das die Werbung anpreist?

Habe ich Angst, etwas zu versäumen, wenn ich mit meinen Nachbarn, meinen Kolleginnen und Kollegen nicht immer mithalten kann?

Vermeine ich mich in einem Strom des ständigen Wettbewerbs mit meinen Mitmenschen, immer Erste/r, schneller, erfolgreicher, aktueller sein zu müssen? Wie kann ich das ändern?

Vermag ich meine Umwelt bewusst wahrzunehmen, mir Zeit zu nehmen für die Anderen, für meine Frau, meinen Mann, meine Kinder?

Oder findet meine Wahrnehmung hauptsächlich über mein digitales „Tablet“ statt?

Nehme ich mir überhaupt Zeit und Raum, spirituelle Erfahrungen zu ermöglichen, die mir Gott in den Gegebenheiten und Begegnungen des Alltags schenken möchte?

Flüchte ich mehr oder weniger bewusst vor gelebter Innerlichkeit, etwa durch rastlose Arbeit rund um die Uhr, durch Geltungs- und Erlebnissucht („Spaßgesellschaft“) oder Rauschzustände?

Hetze ich von einem Termin zum anderen, beame ich mich von einer Bildseite meines Smartphones auf die andere, ohne in der Lage zu sein, die Eindrücke in mir nachhallen zu lassen?

Ist mir die Meinung meiner Facebook-„Freunde“ wichtiger als meine Beziehung zu Gott und meiner Familie?

Wie ist meine Einstellung zum Sport? Geht es mir um gesunde Bewegung, um maßvolle Leistungssteigerung, oder betreibe ich verbissene Selbstquälerei um jeden Preis und mit allen Mitteln, um als der/die Beste, Durchtrainierteste bewundert zu werden?

Wie ist mein Verhalten im Urlaub? Sind mir der Blick durch die Kameralinse, ein hektisches Sammeln tollster „Selfies“ wichtiger als das bewusste, gemeinsame Erleben, als Erholung von Leib, Seele und Geist, als Rückbesinnung und Leerwerden vor Gott, damit er mir (und meiner Familie) den weiteren Weg zeigen kann?

"Aus seinem Inneren
werden Ströme
von lebendigem Wasser fließen."
(Joh 7,38)

Auf der zweiten Stufe beginnen wir, am geöffneten Herzen Jesu die Liebe Gottes zu verspüren, zu „verkosten“, und zwar desto mehr, je besser es uns gelungen ist, uns von unnötigen Abhängigkeiten, „ungeordneter“ (unlauterer) Liebe zu den Menschen und Dingen zu befreien. In stillen Stunden werden wir allmählich die Geheimnisse des Glaubens besser begreifen und lieben lernen, zumeist ganz unspektakulär und leise.

Habe ich schon gelernt, stille Zeiten für Gebet, Betrachtung, Eucharistische Anbetung auszusparen?

Habe ich gelernt, auch im Alltag zu Gott zu sprechen, spontan und aus der jeweiligen Situation heraus: bei persönlichen Widerfahrnissen angenehmer (Dank) oder unangenehmer Art (Klage, Bitte, Hingabe), ein Gruß, wenn ich an einem Kirchengebäude vorbeigehe, ein Stoßgebet für Kranke und ihre Helfer/innen angesichts eines Krankenhauses oder um die Verstorbenen und Trauernden vor einem Friedhof?

Verlangt es mich zuweilen nach Höherem, Schöneren?

Ist mir bewusst, dass jede Liebe von Gott stammt und auf Gott hinzielt?

Habe ich verstanden, dass Gott mir in Leid, Krankheit und Not besonders nahe ist, auch wenn ich es nicht unmittelbar spüre?

Bin ich davon überzeugt, dass mein Leben ein Weg zu Gott, mein ganz individueller Weg in Gott hinein ist?

Erlebe ich mich bei Gott geborgen und von ihm geleitet?

„Geht zum heiligsten Kreuz!"

(Katharina von Siena, Brief 373)

Wie viele Menschen mögen wohl die dritte Stufe erklimmen? Das stille Ruhen am Mund Christi in innerer Ruhe und Frieden, das keine Erschütterung mehr kennt? Die ständige Labung am „lebendigen Wasser“ (Joh 4,13f), hineingleitend in Gott als das „*Meer des Friedens*“?

„Wenn wir uns vom Kreuz Christi entfernen“, hat *Papst Franziskus* am Tag nach Aschermittwoch 2017, dem 2.März, im vatikanischen Gästehaus *Domus Sanctae Marthae* gepredigt, „dann entfernen wir uns auch von der Liebe Gottes, vom Heil, und gehen auf einem ideologischen Weg... Der einzig sichere Weg besteht darin, dem gekreuzigten Christus zu folgen.“ (http://www.kath.net/news/58700).

Machen wir uns auf den Weg!

Palmen auf Mallorca (Manuel P.Heise)

"Kommt alle zu mir,
die ihr euch plagt
und schwere Lasten zu tragen habt.
Ich werde euch Ruhe verschaffen.

Nehmt mein Joch auf euch
und lernt von mir;
denn ich bin gütig und von Herzen demütig.

So werdet ihr Ruhe finden
für eure Seele.

Denn mein Joch drückt nicht,
und meine Last ist leicht."

(Mt 11, 28-30)

V.

In der Kirche zu Hause sein

„Den Geruch der Herde haben,...
... den Menschen Schritt für Schritt
nachgehen."

(Papst Franziskus an die Kirchenrechtler
der Rota, 25 01 2014)

V.1. Einheit unter dem Primat des Papstes

Es ist eines der größten kirchenhistorischen Verdienste Katharinas von Siena, dass sie als Beraterin der beiden Päpste zu ihren Lebzeiten, *Gregor XI.* und *Urban VI.*, in unmittelbarem Kontakt mit den beiden Oberhirten gestanden ist und Papst *Gregor XI.* nach einer beschwerlichen Reise nach *Avignon* zur Rückkehr nach Rom bewogen hat. Hauptthema ihrer oft anklagenden und fordernden Briefe war die Herzenshärte der damaligen Päpste, ihre äußere sowie innere Distanz zu den Gläubigen und die daraus resultierende Unbarmherzigkeit.

So sind Katharinas Briefe an die Päpste eine wahre Fundgrube an leidenschaftlichen Appellen, schuldig gewordene „Schäflein" nicht zu richten, sondern ***zuvorkommende Barmherzigkeit*** zu üben; nicht passiv auf die Umkehr der Schuldbeladenen zu warten, sondern ihnen ***aktiv entgegen zu gehen!*** „Friede, Friede, Heiliger Vater!", der Brief an Papst Gregor XI. klingt außerordentlich beschwörend. „Nehmt doch, Heiligkeit, Eure Kinder wieder auf, die Euch, ihren Vater, beleidigt haben! Besiegt mit Eurer Güte deren Bosheit und Stolz! Es wird für Euch keine Schande sein, wenn Ihr Euch *versöhnend herabbeugt zu Eurem ungezogenen Kind;* vielmehr wird es Euch zur größeren Ehre gereichen und zum Vorteil für Euch sein vor Gott und den Menschen der Welt... Entschuldigt sie selbst bei Eurer Heiligkeit und fangt sie einfach mit der *Angel der Liebe*." (Brief 252).

Es tut für uns heute nichts zur Sache, dass es in vielen Schreiben Katharinas ursprünglich primär um „ungehorsame“ Gläubige ging, die unter dem Interdikt standen, einer Beugestrafe u.a. mit dem Verbot der Sakramentenspendung. Denn auch heute gibt es die vielen „Kranken“ in der Kirche, die Barmherzigkeit und volle Akzeptanz in der Kirche benötigen, unter die auch die sogenannten „*Randgruppen*“ zu zählen sind! Nach Katharina brauchen solcherart „Kranke“ in der Kirche die „Medizin“ Christi, des „Arztes“, dringender als die Gesunden.

> **„Wenn jemand hundert Schafe hat und eines von ihnen sich verirrt, lässt er dann nicht die neunundneunzig auf den Bergen zurück und sucht das verirrte?“**
>
> (Mt 18,12)

Schon Katharina wusste, dass Menschen am Rand der Kirche - der neuen Lebensumstände wegen oder aus Erschöpfung heraus - oft keine faktische Möglichkeit und keine Kraft mehr haben, den entscheidenden Schritt zurück ins Herz der Kirche zu setzen. Das gilt es zu bedenken, weswegen Katharina den Papst beschwört: „Ich sage Euch, Vater in Christus Jesus, kommt bald wie ein ***sanftes Lamm***! Entsprecht dem Anruf des Heiligen Geistes! Ich sage Euch: Kommt! Kommt!... Habt also Mut und kommt, Vater! Lasst die Diener Gottes nicht mehr weiter warten, sie vergehen vor Sehnsucht.“ (Brief

206). Der Papst soll also dorthin kommen, wo er gebraucht wird (soweit faktisch und geografisch möglich), ***die „verlorenen Schafe" suchen*** und nicht nur passiv warten, bis sie vielleicht irgend einmal von selbst kommen! „Kommt, kommt, und widersteht nicht länger dem Willen Gottes, der Euch ruft! Die ausgehungerten Schäflein warten darauf, dass Ihr kommt. Haltet Euch nicht länger davon fern! Habt Mut und fürchtet nichts, was noch geschehen könnte." (Brief 196). „Das ist der Wille Gottes!" Katharina konnte es nicht oft genug wiederholen!

Im ausführlichen Brief 218 erinnert Katharina den Papst an die Brotvermehrung, als Jesus die Jünger auffordert, die Zuhörer/innen zu speisen (Mt 14, 15-21): „Gebt Euren hungrigen Dienern ***zu essen***, die Euch in diesem Augenblick mit größtem und glühendem *Verlangen* erwarten!" Dem *liebenden Verlangen* der (schuldig gewordenen) „Schäflein" hat der Papst (wie auch seine „Diener", die Bischöfe und Priester), gerecht zu werden. Das klingt bei Katharina immer wieder mit Bestimmtheit, ja oft sogar Schärfe durch. ***Der Papst darf das sehnsuchtsvolle, liebende Verlangen (vor allem jenes nach der Vereinigung mit Christus im Sakrament der Eucharistie) nicht ignorieren!*** *Vielmehr soll er es auch* ***sich selbst zu eigen machen!*** „Auf, Vater, hebt Euer verlorenes Schäflein, nachdem es gefunden wurde, auf Eure Schultern der Liebe und stellt es wieder in den Schafstall der heiligen Kirche." (Brief 229).

Doch damit nicht genug: Die zuvorkommende Barmherzigkeit des Papstes und seiner „Diener“ darf sich nicht auf jene *in* der Kirche beschränken, die niedergedrückt und mutlos geworden sind! „Weiters bitte ich Euch um der Liebe des gekreuzigten Christus willlen, dessen Verwalter Ihr seid: Zögert nicht, ***voll Erbarmen jene Schäflein wieder aufzunehmen, die außerhalb der Herde stehen!*** *Überwindet ihre Widerspenstigkeit durch Eure Güte und Heiligkeit* und schenkt ihnen diese Wohltat, dass Ihr sie wieder in die Herde zurückführt.“

Halten wir fest: *Der Papst soll also sogar den „widerspenstigen“ Gliedern der Kirche gegenüber zuvorkommende Barmherzigkeit erweisen!* Und Katharina fährt fort: „Wenn sie das auch nicht in einer wahren und vollkommenen Demut erbitten, so möge doch Eure Heiligkeit ihre Unvollkommenheit ergänzen.“ Mit anderen Worten: *Der Papst in seiner „höheren“ Position soll sich* ***herabbeugen und die Gedemütigten herausholen aus ihrer Not****, statt durch Desinteresse oder gar Sanktionen die Demütigung noch zu verschlimmern.* (Brief 291).

„Lasst sie nicht länger warten, sie vergehen vor Sehnsucht!“

(Katharina von Siena zu Papst Gregor XI., Brief 206)

Katharina hat also keine Gelegenheit ausgelassen, den Papst an seine Pflichten zu erinnern, wobei ihr schuldig Gewordene, Außenstehende und Abtrünnige ein ganz besonderes Anliegen waren: „Wartet nicht, bis sie tot sind!“ (Brief 370). Der Papst soll nicht ruhen, ehe er die Enttäuschten wieder „in den Schafstall der heiligen Kirche zurückgeführt“ hat (Brief 196).

Unmissverständlich bleibt dabei, dass der Papst nicht tatenlos warten und einzig betend hoffen soll, sondern aktiv tätig zu werden und den Menschen entgegenzugehen hat!

So möchte Katharina den Papst von einer Güte beseelt sehen, die von der Güte Gottes genährt ist.

Papst Franziskus. Handskizze (Dieter Heise)

Résumée und Präzisierung

Jesus hat seine Kirche nicht auf vergänglichen Sand, sondern auf festen „Felsen“ errichtet, indem er den Apostel *Simon Petrus* als ersten Oberhirten für seine Kirche eingesetzt und ihm die „Schlüssel“ zum Himmelreich übertragen hat (Mt 16,18f). Petrus war genauso wenig fehlerlos, wie auch seine Nachfolger, die Päpste. Entscheidend war es für Jesus, sich seiner *Liebe* zu versichern, und das sogar dreimal: „Liebst du mich... mehr als die Anderen?“ (Joh 21,15-17). Trotzdem wusste Jesus: Petrus würde ihn noch dreimal verleugnen. Nach dem reuevollen, „bitterlichen“ Weinen, als die Prophezeiung Jesu „ehe der Hahn krähte“ Wirklichkeit geworden war, mag Petrus seine „felsen“feste Entscheidung getroffen haben, dem Herrn von nun an bis in den (gewaltsamen) Tod treu zu bleiben. (Mt 26,34, 69-75, sowie Joh 21,15-17).

Als Geburtsstunde der Kirche gilt die Geistsendung zu *Pfingsten*, 50 Tage nach der *Auferstehung* und 10 Tage nach der *Himmelfahrt* Jesu. Jesus wollte bei aller Bedeutung der christlichen Innerlichkeit keine nur „private“ Nachfolge, kein Christentum allein im stillen Kämmerlein oder in der freien Natur. Kirche bedeutet „communio“ (Gemeinschaft); der Begriff „Kirche“ leitet sich ab vom griechischen „*kyriaké*“ (dem Herrn gehörig, Haus des Herrn) beziehungsweise vom lateinischen „*ekklesia*“ (Kirche als Festversammlung und Gemeinde).

Die Kirche ist ***das eine, allumfassende Sakrament des Heiles,***
Tempel des Heiligen Geistes,
vergegenwärtigendes Zeichen des Heilswillens Gottes und Frucht des Heilswillens Gottes, der in der Kirche wirken soll, zugleich.

Sind mir alle sieben Sakramente der Kirche, dem „allumfassenden Heilssakrament", vertraut: Taufe, Firmung, Buße, Eucharistie, Ehe, Sakrament der Weihe (in Stufen: Diakon-, Priester- und Bischofsweihe), Krankensalbung?

Bin ich gefirmt?

Sind meine Kinder getauft?

Habe ich, vor allem im fortgeschrittenen Alter, schon ein christliches Begräbnis verfügt? Ist mir bewusst, dass „Naturbestattungen" an Bäumen, Verstreuen der Asche oder „Diamantbestattung" dem Glaubenszeugnis an die Auferstehung von den Toten, der Würde der Verstorbenen und dem Recht auf einen Ort der Trauer für die Hinterbliebenen widerspricht und deshalb in der Kirche nicht erlaubt sind?

Die Kirche hat ***drei Grundaufgaben (Grundvollzüge)*** zu erfüllen:
Liturgiefeier, ***Verkündigung des Glaubens samt Missionsauftrag*** (Mt 28,18-20) und ***Diakonie*** (Dienst am Nächsten).

Bausteine der Kirche sind alle Getauften mit Jesus Christus als „Eckstein“ (1 Petr 2,4-8, Ps 118,22), alle berufen zu einer „heiligen Priesterschaft“, dem *allgemeinen Priestertum.* Wir alle bilden einen „*Leib*“ mit Christus als seinem Haupt und uns als Gliedern, jeder und jede mit seinen/ihren ganz individuellen Gaben zum Dienst an der Kirche, seinem/ihrem *Charisma.* (1 Kor 12, 12-31). Es lohnt sich, all die genannten Bibelpassagen noch einmal nachzuschlagen und auf sich wirken zu lassen!

Glaube ich daran, dass auch ich, wie alle Getauften, als „lebendiger Stein“ die Kirche mitgestalte?

Ist mir bewusst, dass ich Anteil habe am „allgemeinen Priestertum aller Gläubigen“?

Kenne ich mein ganz persönliches Charisma, oder habe ich mich noch nicht darum gekümmert, wie ich der Kirche am besten dienstbar sein kann?

Es ist sehr, sehr wesentlich, in der Kirche zu *unterscheiden* zwischen dem ***charismatischen Element der Kirche als Gründung Jesu Christi***, in der der Geist Gottes weiterhin wirkt, und der ***menschlichen Komponente in der formellen Institution***, wie sie sich im Laufe der zweitausendjährigen Kirchengeschichte entwickelt hat. Dass es an der Kirche zahlreiche menschliche Unzulänglichkeiten gibt, dass dieser „mystische Leib Christi“ an vielen Stellen immer noch heftig blutet, einer Vollendung des Erlösungswerkes Christi entgegen, erfahren wir auch immer wieder mit Bestürzung und Trauer aus den Medien.

> **„Die Zerbrechlichkeit begleiten, unterscheiden und eingliedern"**
>
> (Papst Franziskus, Amoris Laetitia, 8.Kap.)

Es ist deswegen absolut notwendig, im Umgang miteinander *auf den Unterschied zwischen göttlichem und menschlichem Element in der Kirche nachdrücklich hinzuweisen, und das bereits in der Familie und im schulischen Religionsunterricht,* damit nicht noch mehr Menschen auf Grund des Fehlverhaltens von einzelnen Christen, vor allem Amtsträgern, an der Kirche verzweifeln und ihr den Rücken kehren, als handle es sich um einen bloßen „Verein". Das Schwergewicht liegt auf Jesus Christus als Gründer der Kirche, der in ihr weiterlebt und durch seinen Heiligen Geist wirksam ist, gleichgültig, wie fehlerhaft sich das Verhalten einzelner Christen gestaltet - und seien es auch noch so viele, die sich unter Missbrauch ihres, ihnen von Gott verliehenen, freien Willens schwerer Verfehlungen schuldig gemacht haben.

Denn: Es wäre die schlimmste Torheit, sich wegen eines Ärgernisses mit dem äußeren, menschlichen Erscheinungsbild der Kirche von den wunderbaren Früchten unserer Erlösung zum ewigen Leben in Gott zu trennen!

Sie würde die Gefahr der *„Sünde wider den Heiligen Geist“* bedeuten (Mt 12,31-32), die definitive, endgültige Ablehnung der Erlösung und Barmherzigkeit Gottes.

Wie bringe ich mich ein in der Kirche? Welche Möglichkeiten habe ich?

Feiere ich das Kirchenjahr bewusst mit, vor allem in der Gestaltung von Weihnachten, Ostern und Pfingsten? Wie gestalte ich diese Feste in meiner Familie?

Habe ich die Möglichkeit, an innovativen Ideen für eine bessere Präsenz der Kirche in der Gesellschaft mitzuwirken (christlicher Andachtsraum in öffentlichen Einrichtungen, wie etwa Einkaufszentren oder an Bahnhöfen, Kirchenmesse…)?

Was bei Kirchenaustritten oft nicht bedacht wird: Die Taufe als Sakrament bildet ein *unauslöschliches Merkmal*, das auch im Falle von Kirchenaustritt nicht erlischt. So bleibt ein Christ/eine Christin, der/die sich von der Kirche getrennt hat und in eine andere, nichtchristliche Glaubensgemeinschaft eingetreten ist, doch weiterhin Christ/in! Gott nimmt sein Erlösungswirken nicht zurück, auch wenn der Mensch untreu wird! Eine Rückkehr, ein Wiedereintritt in die Kirche ist bei echter Reue immer möglich.

Habe ich mir schon bewusst gemacht, dass Gott sein Erlösungswirken an mir niemals zurücknimmt und die Taufe ein unauslöschliches Merkmal bedeutet?

Vermag ich zwischen dem göttlichen Element der Kirche und den menschlichen Strukturen und Fehlern zu unterscheiden?

Oder „heule ich mit den Wölfen“, wenn man über „die Kirche“ schimpft, nicht bedenkend, dass ich dadurch den Glauben Dritter beschädigen könnte?

Habe ich verinnerlicht, dass der christliche Glaube die einzige, vom einen, wahren, dreieinigen Gott selbst geoffenbarte Religion ist?

Habe ich den Mut, mich gegebenenfalls offen zu Jesus Christus und seiner „einen, heiligen, katholischen und apostolischen Kirche“ zu bekennen und mich für sie einzusetzen?

Habe ich im Urlaub an Gebetsveranstaltungen anderer Religionen, etwa vor Buddhastatuen oder vor hinduistischen Altären, aktiv Teil genommen und zumindest dem Anschein nach diese, von Menschen erdachte „Gottheiten“ angebetet? Ist mir bewusst, dass ich damit - wenn auch vielleicht eher „nur“ gedankenlos - meinen Glauben an den einen, anbetungswürdigen, christlichen Gott verraten haben könnte?

Bei allen Tragödien in der Kirche wiegt freilich ein Versagen des Papstes, wie es Katharina von Siena erleben musste, am schwersten. So fordert Katharina den jeweiligen amtierenden Papst auf, sich nicht in den vatikanischen Gemächern zu verschanzen, sondern sich aus seiner „erhöhten“ Position „herabzubeugen“ zu den Menschen unter konkreten Taten der Güte und zuvorkommender Barmherzigkeit. Der Papst soll nicht lange abwarten und sich nicht allein aufs Gebet zurückziehen, sondern den Menschen aktiv entgegengehen im besonderen Augenmerk auf „Randgruppen“ in der Kirche und außerhalb, auf schuldig Gewordene, „Widerspenstige“, die nicht mehr aus noch ein wissen und - vielleicht bereits resigniert - doch insgeheim in tiefer Sehnsucht auf ein versöhnliches Zeichen aus der Amtskirche warten.

„Gebt ihr ihnen zu essen!“ (Mt 14,16)

In unserem Land haben wir seit Jahrzehnten eine klare Trennung zwischen Kirche und Staat, die sich im allgemeinen bestens bewährt hat. Niemand dürfte (auch im Gewissen) dazu genötigt werden, sich einer bestimmten, angeblich einzig christlich-sozialen Gruppierung anzuschließen, eine bestimmte Partei zu wählen. Die Trennung zwischen Kirche und Staat dürfte bei den Vertretern der Kirche nicht dazu führen, einzelnen Politiker/innen, deren „Richtung“ man nicht gutheißt, grundsätzlich argwöhnisch zu begegnen, ihre vorgebrachte christlich-demokratische Gesinnung in öffentlichen Stellungnahmen anzuzweifeln und damit indirekt Druck auf die Wähler/innen auszuüben. Später mag es sich nämlich manchmal herausstellen, dass jene Verantwortungsträger/innen, die man versucht hat, auszugrenzen, für

Glaube, Kirche und Bevölkerung die klügere, weitsichtigere Politik bieten hätten können.

Neige auch ich zu Vorurteilen gegenüber Politiker/innen, bloß weil Andere und die Medien meinen, jenem/jener müsse mit Misstrauen entgegengetreten werden?

Wage ich es, trotz „Unkenrufen“ meiner eigenen Vernunft zu trauen und bei Wahlen der Stimme meines Gewissens zu folgen?

Es ist ein wahrer Segen für die Kirche, wenn sie einen Papst zum Oberhirten hat, der Randgruppenprobleme beherzt anpackt und dafür ähnlich klare Worte findet wie Katharina; der auch die Bischöfe in die Pflicht nimmt und daneben selbst alles Menschenmögliche tut, um Zeichen zu setzen, dass er es mit der Umkehr der (Amts-)Kirche Ernst meint!

Petersdom, Rom (Heise)

V.2. Der Priester als „Gärtner“ der Kirche

Nicht nur den Päpsten hat Katharina einen Großteil ihres Wirkens und ihrer Briefe gewidmet, sondern auch einer Vielzahl an Ordens- und Weltpriestern, Bischöfen und Kardinälen. Sie ermutigte, mahnte und tadelte, wobei sie stets das Evangelium im Auge hatte.

„Sie sind meine Gesalbten, und ich nenne sie meine *Christusse*, denn ich selbst habe mich ihnen zur Ausspeisung an euch übergeben... Diese Würde besitzt kein Engel.“ (Dialog, Kap.113). „Gott hat euch in seiner *Barmherzigkeit* zu so hohem Stand erhoben, dass ihr *das Feuer der göttlichen Liebe* zu *hüten* habt, das heißt, *den Leib und das Blut* unseres gekreuzigten Herrn Jesus Christus... Ihr sprecht ***in der Person Christi***.“ (Brief 59). Eine Verdichtung des zutiefst katholischen Amtsverständnisses, die uns Katharina hier aufzeigt.

Ergänzend vergleicht sie die Kirche mit einem *Garten*, als dessen „gute Gärtner“ sie die Priester sehen will. Sie sollen die *Dornen* der Sünde ausreißen und die *Blüten* der Tugend einpflanzen: „So schaffen sie wahre ***Gerechtigkeit***, die ***mit Barmherzigkeit gewürzt*** ist.“ (Brief 55). Priester, die „den Wohlgeruch der Tugenden verströmen“, sind „wie duftende Blumen im Garten der heiligen Kirche“, welche „die Anderen Anteil nehmen lassen an den Früchten ihres demütigen und beharrlichen Gebets." (Brief 199).

Die Frage des *Pflichtzölibats* war für Katharina damals, im 14.Jahrhundert, *kein Thema.* Deshalb ist in ihre Briefe, in denen sie von den Priestern eine gefestigte Moral einfordert, *nicht naiv eine diesbezügliche Grundhaltung (Zölibat als unhinterfragbare Lebensform des Priesters) hineinzuinterpretieren*! Katharinas Anliegen waren andere; sie bezogen sich auf die Unsitte der *Simonie*, bei der kirchliche Zuwendungen oft von Zahlungen abhängig gemacht wurden. *Umsonst* sollen die Priester geben, was sie vom Herrn umsonst empfangen haben (Brief 88, nach Mt 10,8) - bei Katharina eine immer wiederkehrende Mahnung.

„Selig, die arm sind vor Gott,
denn ihnen gehört das Himmelreich.
Selig die Trauernden,
denn sie werden getröstet werden...
Selig, die ein reines Herz haben,
denn sie werden Gott schauen..."

aus den Seligpreisungen, Bergpredigt (Mt 5, 1ff)

Einfühlung ist es, die Katharina unermüdlich einfordert: „Sie wurden krank mit den Kranken, trauerten mit den Trauernden, freuten sich mit den Fröhlichen." (Dialog, Kap.119). „Sie dachten nicht an sich... Für ihre Mitmenschen verwendeten sie alle Mühen, Gott aber gaben sie die Ehre. Ihre Mitmenschen liebten sie um Gottes willen, weil sie nicht darauf bedacht waren, wie sie aus ihnen irgendwelche Vorteile für sich selbst gewinnen könnten, sondern nur darauf achteten, ihnen den Besitz Gottes zu vermitteln." (Brief 88).

Schon damals forderte der Einsatz für die Menschen den Priestern oft ***Mut*** ab. „Du hast deine *Ritter* auf dieses Schlachtfeld gestellt, um mutig zu kämpfen..., die mehr aushalten und mehr *tun* müssen als die Anderen." (Brief 183). Auffallend ist das Wörtchen „tun": Es ist schon zur Zeit Katharinas zu wenig gewesen, im Pfarrhaus zu sitzen und darauf zu warten, dass die Leute von selbst kommen! Vor allem *Leidenden und Fernstehenden* ist ***aktiv entgegen zu gehen***. Und so darf der Priester auch Unliebsame nicht einfach „auflaufen" lassen, indem er Hilferufe ignoriert, bis die Betreffenden von selbst aufgeben oder sich (im besseren Fall) an eine andere Pfarre oder ein Kloster wenden.

„Diese Würde besitzt kein Engel": Selbstverständlich ist die Würde des Priesters auch für Katharina nicht personbezogen zu verstehen. Die Würde gründet einzig und allein in der ***Hauptaufgabe des Priesters, „Leib und Blut auszuspenden"***, was er ***„reichlich"*** tun soll. Letztendlich ist es in der Eucharistie die ***Liebe Gottes*** selbst, die der Priester zu ***vermitteln*** hat.

Wie Katharinas Briefe zeigen, lag ihr das gute Beispiel der Priester, eine ***gute Lebensführung***, ganz besonders am Herzen. „Ihr Hofstaat waren die Armen", erinnert sie einen neu geweihten Bischof, den späteren *Papst Gregor XII.*, „ihr Reichtum war die Ehre Gottes, das Heil der Schafe und die Erhöhung der heiligen Kirche. Nie unterließen sie es, ihr süßes, von Liebe erfülltes und sorgenvolles Verlangen vor Gott darzubringen, indem sie den Schafen die Lehre verkündeten, verbunden mit dem Beispiel eines heiligen Lebens. Und als sie einen höheren Rang bekamen, wurden sie nicht stolz, sondern nur noch viel demütiger." (Brief 341).

„Geht und verkündet: Das Himmelreich ist nahe...
Umsonst habt ihr empfangen,
umsonst sollt ihr geben."

(Mt 10, 7 u. 8)

Wie beim Amt des Papstes der Fall, *schmälern menschliche Unzulänglichkeiten weder die grundsätzliche Würde des Priesteramtes, noch die Wirksamkeit der vom Priester gespendeten Sakramente, selbst wenn er sich im Stand der Todsünde befände.* ***Einzig und allein das Sakrament der Weihe rechtfertigt den priesterlichen Dienst.***

Schätzen wir den Dienst der vielen Priester, die sich redlich um ein gutes Beispiel mühen, nicht gering; übersehen wir sie nicht über den wenigen, die dem Amt Schande zugefügt haben und welchen in den Medien trauriger Weise mehr Präsenz eingeräumt wird!

Priesterlicher Dienst bei der Seeprozession Traunkirchen, Oberösterreich (Heise)

Résumée und Präzisierung

Unnötig zu betonen, dass die Priester auf Grund vermehrter Pfarrzusammenlegungen oft an ihre Grenzen stoßen. Auch wenn die unermüdliche Mitarbeit von vielen Diakonen, Pastoralassistent/innen, Pfarrhelfer/innen, ja unzähligen „Laien" bereits bis zur Leitung von Pfarrämtern reicht, ist es doch der Pfarrer, dem die Gesamtverantwortung zukommt, vor allem, gemeinsam mit seinen Mitbrüdern im Priesteramt, in der Spendung der Sakramente, und hier wieder an erster Stelle in der Feier der Eucharistie. Die zunehmende Notwendigkeit einer funktionierenden Kasualpastoral tut ihr Übriges dazu, dass die Herausforderungen wachsen. So bedeutet es eine frustrierende Erfahrung, wenn die Erstkommunion von zwanzig Kindern mit Liebe und Hingabe vorbereitet wird und auch die Eltern mit einbezogen werden, an den Sonntagen danach die vorderen Bankreihen jedoch wieder leer bleiben.

Wie geht es manchen Seelsorgern dabei? Die Notwendigkeit, sich mental und emotional in leidvolle Prozesse Ratsuchender hineinzuversetzen, mag bei etlichen von ihnen - ohnehin schon überlastet - *Angst vor Abhängigkeit und Einvernommenwerden* hervorrufen. Und dies bestimmt nicht zu Unrecht. Mangelnde Einfühlung kann in der seelsorgerlichen Situation zu Randerscheinungen führen, die sowohl die Ratsuchenden, als auch den Priester selbst erheblich belasten, wenn nicht sogar im Einzelfall scheitern lassen. So beklagen Leidgeplagte immer wieder *mangelnde Offenheit und Echtheit* ihrer Seelsorger und empfinden dies nicht selten als „Mauern“, als Errichtung eines undurchdringlichen Schutzwalles, der *den Seelsorger vor eigenen Verletzungen bewahren soll, sich jedoch auf den Ratsuchenden kränkend auswirkt.* (I.Heise, Auch sie sind Kirche!, 75ff).

Wenn der Seelsorger trachtet, seine eigenen Gefühle hintan zu halten, laufen auch gut gemeinte, freundschaftliche Gesten Gefahr, als so etwas wie „*unverbindliche Gastspiele*“ empfunden zu werden, da sie vorausgeplant wirken und jede Spontaneität vermissen lassen. Da Gescheiterte meist längst schmerzliche Erfahrungen hinter sich gebracht haben, etwa wie Andere sich von ihnen distanzierten, reagieren sie überaus empfindlich auf jede unbegründete Wiederholung dieser Erfahrung. Sie ist nur zu vermeiden durch den *Mut zu Offenheit und Echtheit seitens des Seelsorgers in der Begegnung*.

Mag sein, dass in manchen Fällen des Mauerns auch *Übertragung* dahintersteht. Eine negative Erfahrung mit einem/einer Ratsuchenden wurde verdrängt und nicht verarbeitet. Und statt sich Verhaltensmuster für spätere, ähnliche Situationen zurechtzulegen, werden solche prinzipiell gemieden. Das Vermeidungsverhalten hindert den Seelsorger oft daran, Verlorene, Fernstehende aufzusuchen, wo es sehnlich gewünscht wird und dringend erforderlich wäre. Die Übertragung bewirkt, dass der Hirte es versäumt, dem „verlorenen Schaf“ *nachzugehen*. Für viele Gescheiterte mag jedoch ein *Hausbesuch* das entscheidende Zeichen der Akzeptanz und des Angenommenseins bedeuten; er vermag ihnen einen Beweis dafür zu liefern, dass sie bei Gott und in der Kirche immer noch, trotz aller Fehler und Mängel, ihren Platz haben. Das Fernbleiben jedoch wird als Zeichen des Vorbehalts und Misstrauens gewertet, die offenkundige Reserviertheit auf die eigene, verwundete Person bezogen - ein Umstand, der sich auch auf die Gottes- und Kirchenbeziehung äußerst nachteilig auswirkt.

Gebet und Austausch mit Priestern und Ordensleuten, Karmelzentrum bzw. Spirituell-theologisches Zentrum Katharina von Siena (Manuel P.Heise, Heinz Riemer)

Auch hier gilt, dass die Absagen entscheidend abzuschwächen wären, wenn sie der Seelsorger *begründete*: Er müsste den Mut aufbringen zuzugeben, dass es für ihn hier Grenzen gibt, die er nur schwer zu überschreiten in der Lage ist; es nicht an der Person seines Gegenübers liegt, dass er den Hausbesuch nicht antritt. Auf diese Weise wären verstärkte Selbstzweifel von belasteten Gemeindemitgliedern zu verhindern und ein gedeihliches pastorales Klima bliebe aufrecht.

Oft mag unterschätzt werden, wie viel innere Not und Einsamkeit sich hinter Entlastungshandlungen, wie seitenlangen Briefen, zweideutigen Anrufen oder gar auffallend abweichendem Verhalten, verbergen können. Sicherlich bedeutet es für die Initiator/innen solcher Signale zusätzliches Leid, wenn der Seelsorger die für sie schlimmste Reaktion setzt: nämlich gar keine. Vorsätzliche *Ignoranz* als Antwort auf unbeholfene Hilfeschreie vermag den letzten Hoffnungskeimen auf Wiederbeheimatung in der Kirche den Todesstoß zu versetzen!

Zeige ich mich sensibel gegenüber abweichendem Verhalten, verbalen und nonverbalen Signalen in Familie und pastoralem Alltag?

Bemühe ich mich um ein grundlegendes Verständnis für Menschen mit psychischen Problemen, Beschränkungen und bei einer Entfremdung von der Kirche?

Bin ich bereit zu einer Reflexion meines eigenen (pastoralen) Verhaltens gegenüber psychisch leidenden, instabilen Mitmenschen?

Ist es mir ein echtes Anliegen, Menschen mit psychischen Beschränkungen inmitten des Heilshandelns Gottes neu zu entdecken und ihnen behutsam einen Weg zurück ins Herz der Kirche und ins Pfarrleben zu bahnen?

Gewähre ich meinen Mitmenschen volle Akzeptanz in ihrer Lebensgeschichte durch Respekt, Einfühlung und Zeit-Haben?

Nehme ich grundsätzlich Rücksicht auf die oft mangelnde Fähigkeit von Ratsuchenden, ihre Anliegen in all ihren Kausalzusammenhängen zu erfassen und zu artikulieren? Oder verliere ich schnell die Geduld?

„Nicht ihr habt mich erwählt,
sondern ich habe euch erwählt."

(Joh 15,16)

Nicht allen Menschen ist eine *stabile psychische Struktur* verliehen, bei vielen die Persönlichkeit - aus welchen Ursachen auch immer - nicht ausgereift. Vielen fehlt das *Urvertrauen*, weswegen sie *den Anforderungen des Lebens nicht ausreichend gewachsen* sind und ihm grundsätzlich mit Misstrauen und Angst begegnen. Der ganz gewöhnliche Alltag verlangt diesen Menschen mehr ab, als sie ertragen und leisten können, da sie fast ununterbrochen mit ihren Ängsten ringen müssen, um zu überleben und mit den Anforderungen ihrer Umwelt mitzuhalten. (I.Heise, Hättet ihr nur Zeit gehabt, 172f).

Daneben gibt es zahlreiche an der Kirche Leidende und durch seelische Verletzungen Geschwächte, die überempfindlich geworden sind. Zu ihnen zählen viele Katholikinnen und Katholiken, deren Ehe zerbrochen ist und die - oft in psychischer oder/und materieller Notlage - eine neue, nichtkirchliche Verbindung eingegangen sind. Die *„Lebensgefäße"* der meisten dieser Menschen sind klein und zerbrechlich. Wenn sie sich auch noch so sehr anstrengen, das Fassungsvermögen ihrer Gefäße wird nicht größer. An sie dürfen wir deshalb nicht die gleichen Anforderungen stellen, von ihnen können wir nicht dasselbe erwarten wie von psychisch Stabilen und Menschen, mit denen es das Leben besser gemeint zu haben scheint. Gott wird sie nach *ihren* Talenten bemessen, nicht nach denen der Gesünderen, Stärkeren. Nur „wem viel gegeben" worden ist, von dem wird auch „viel verlangt" werden. (Lk 12,48!).

Es ist nicht unsere Aufgabe, zu beurteilen, warum andere Menschen unter ähnlichen Lebensbedingungen weniger Verhaltensauffälligkeiten entwickeln und psychisch stabiler sind. Und es steht uns nicht zu, Lebensschicksale und Persönlichkeitsentwicklungen zu vergleichen, um daraus Schlüsse für unsere ganz persönliche Werthierarchie zu ziehen.

Wir tun Unrecht daran, die Größe der Lebensgefäße Anderer als Maßstab zu nehmen für unsere Achtung oder Geringschätzung, für Annahme oder Ablehnung, für Heilshandeln oder kühle Ignoranz.

Wie steht es mit meinem Familienstand? Befinde ich mich (als allein oder in Partnerschaft Lebende/r) in Einklang mit der Kirche?

Im Falle von Scheidung meiner Ehe: Könnte meine Ehe einer Annullierung zugeführt werden? Habe ich mich schon in der Diözese nach Möglichkeiten erkundigt?

Im Falle von standesamtlicher Wiederverheiratung: Habe ich schon einen Priester des Vertrauens gefunden, mit dem ich meine Lebenssituation - auch hinsichtlich eventueller Kinder und des Sakramentenempfanges - im Gewissensbereich abklären konnte? Ist mir bewusst, dass ich gemäß der Barmherzigkeit Gottes ein Recht auf Rehabilitation und Reintegration im kirchlichen und pfarrlichen Alltag habe und keine „Randfigur“ bleiben muss?

Wie ist meine Grundeinstellung Seelsorgern gegenüber? Habe ich negative Erfahrungen gemacht?

Wenn ja: Konnte ich diese negativen Erfahrungen aufarbeiten? Oder benötige ich Hilfe?

Vermag ich Priestern (trotzdem) grundsätzlich positiv gegenüberzutreten, vermag ich sie als „in persona Christi“ agierend wahrzunehmen?

Wie gehe ich als Seelsorger mit Menschen nach Scheidung und Wiederverheiratung um? Habe ich ein ehrliches Interesse, ihnen in der Pfarre Heimat zu bieten?

Bin ich bereit, mich um eine Bereinigung ihrer Situation zu bemühen? Erkenne ich die Wegweisungen in „Amoris Laetitia“ von Papst Franziskus an, vor allem hinsichtlich der barmherzigen Einzelfalllösung für den Sakramentenempfang?

Licht der Barmherzigkeit (Heise)

Plädoyer

Geschiedene und Wiederverheiratete sind
keine Aussätzigen, die es wegen Ansteckungsgefahr
zu meiden gilt,
keine Unglücksbringer, die Andere in ihr Unglück
hineinziehen,
keine potentiellen Ehebrecher/innen, die nur darauf
warten, sich den nächsten Mann/ die nächste Frau
zu „angeln".

Sie sind Menschen,
die immer noch Mitglieder der Kirche sind,
deren (oft mit großem Idealismus eingegangener)
Lebensentwurf gescheitert ist,
die zutiefst und vielfältig Leidende sind,
psychisch, physisch und spirituell,
und die - sowie deren Kinder - sehr dringend
unserer vollen Akzeptanz,
unserer Wertschätzung,
unserer tatkräftigen Unterstützung bedürfen.

Das müssen wir ihnen zu spüren geben,
sonst sündigen wir gegen die Nächstenliebe
und machen uns mitschuldig an ihrer Entfremdung
von der Kirche
und ihrer Flucht in unheilvolle Abhängigkeiten und
Süchte.

(Aus: I.Heise, Auch sie sind Kirche!, 106f)

Ganz besonders große Aufmerksamkeit benötigen unsere *Kinder und Jugendlichen*, auch (und ganz besonders) die weniger „braven“, angepassten. „*Schlimmheit*“ von Kindern bedeutet fast immer ein Signal, einen Schrei nach mehr *Aufmerksamkeit*, mehr individuellem Interesse. *Das Kind von allen Seiten her - oft mit „vereinten Kräften“ - zu maßregeln, bis sein Wille gebrochen ist, oder es gar mit Ignoranz zu bestrafen, mag einen unheilvollen Prozess in Gang bringen, der in späteres Scheitern (auch in der Ehe!) mündet.*

Pfarrkindergarten: Erste Erfahrung von Angenommensein in der Kirche (Heise)

Um einen solchen Prozess früheren oder späteren Scheiterns zu verhindern, ist dem Kind von klein auf als eigenständigem Individuum zu begegnen, welchem ein Recht auf eine *Entwicklungschance ohne Vorverurteilungen* zusteht. Dabei müssen Seelsorger ungeachtet der

Einschätzungen von Eltern und (oft heillos überlasteten) Lehrer/innen vorgehen, mag Eltern auch zuweilen daran gelegen sein, „Verstärkung“ in ihren erzieherischen Maßnahmen einzufordern. Es dürfte niemals geschehen, dass sich eine Kette von Ermahnungen und Vorwürfen von Elternhaus und Schule her ins pfarrliche Leben hinein fortsetzt, da die anderen Kinder sehr rasch die Vorurteile der Erwachsenen kritiklos übernehmen. Erlebt sich ein Kind seitens der Anderen permanent gehänselt oder gar gemobbt, ohne dass diese vom Seelsorger oder dem/der Pfarrmitarbeiterin zur Ordnung gerufen werden, wird es sich nicht in der Pfarre beheimaten können und diese bei der nächsten Gelegenheit fliehen. Das gilt es unbedingt beizeiten zu verhindern, da das *erste schlechte Pfarrerlebnis zugleich die erste negative Kirchenerfahrung* darstellt! Solche Erfahrungen werden oft kaum mehr zu korrigieren sein! (I.Heise, Auch sie sind Kirche!, 166f).

Wo in der Pfarre heilende Begegnung erfolgen kann, vermögen auch Gekränkte, Niedergedrückte und Menschen nach Erfahrungen des Scheiterns durchlässig zu werden für die Nähe und Treue Gottes. Wird das Heilshandeln Gottes in die Tat umgesetzt, können die Menschen in der Erfahrung eines Erlösungs- und Auferstehungsmilieus einen Neuanfang wagen.

Wie ist mein Verhalten gegenüber Kindern? Begreife ich ihren unterdrückten Schrei nach Zeit-Haben, nach ungeteilter Aufmerksamkeit?

Haben in meiner Pfarre auch Jugendliche ihren Platz? Oder sehe ich in ihnen eher lästige, kleine Erwachsene, die schon perfekt „funktionieren" sollen?

Unbeschwerte Fröhlichkeit Jugendlicher auf einem Pfarrausflug in die winterlichen Praterauen (Heise)

Werden die verschieden gearteten Kräfte der Gläubigen wahrgenommen und auszugleichen versucht, *Schwächere gestützt* und mit Leidenden und Gescheiterten, unter Rücksicht auf ihre tiefsitzenden Verletzungen, besonders behutsam umgegangen, vermag der Seelsorger zu erahnen, dass *auch Außenseiter Charismen einzubringen* vermögen - Charismen, die auf leidvollen Erfahrungen beruhen, welche jenen, deren Lebensweg weniger winkelig verlaufen ist, fremd sind. Auf sie zu verzichten kann sich unsere verwundete Kirche nicht mehr leisten.

V.3. Unter den Flügeln der Barmherzigkeit Gottes

2016 hatte Papst *Franziskus* zum „*Jahr der Barmherzigkeit*“ erklärt. Es war ein bedeutsames Jahr, als er am 19.März schließlich sein Nachsynodales Apostolisches Schreiben „Amoris Laetitia“ veröffentlicht hat!

Workshop im Rahmen des Spirituell-theologischen Zentrums Katharina von Siena mit betagten Menschen im Haus Schönbrunn der Caritas Wien, 2013 (Heise)

In seiner unendlichen Barmherzigkeit spiegelt sich der allumfassende, unbegreifbare ***Heilswille Gottes*** wider. „Da wurde der Gottmensch sichtbar, strahlend wie das Licht der Sonne“, bezeugt Katharina, nachdem ein verurteilter Straftäter in Reue Gottes Barmherzigkeit angerufen hat (Brief 273). Nach Katharinas Lehre sind Gottes „Flügel der Barmherzigkeit", sein „Brunnen des Erbarmens“, für jede/n stets geöffnet, selbst im tiefsten Dunkel der Todsünde. ***Gott ist mehr bereit zu verzeihen, als ein Mensch sündigen kann!*** Wie unermesslich tröstlich!

> **„Deine Barmherzigkeit verleiht Leben."**
>
> (Katharina von Siena, Dialog, Kap. 30)

Gott erwartet, dass wir ***„um Barmherzigkeit anklopfen“***, für uns selbst, aber auch für die Mitmenschen (Brief 331), im Bittgebet, nach Mt 7,7: „Bittet, und es wird euch gegeben; klopfet an, und es wird euch aufgetan werden...“. Und der Herr erwartet von uns, dass ***auch wir an unseren Mitmenschen Barmherzigkeit üben!*** Denn ***Unbarmherzigkeit zieht Folgen nach sich***, erinnert Katharina an das Gleichnis Jesu vom Unbarmherzigen Knecht in Mt 18, 21-35. „*Wie auch wir vergeben unseren Schuldigern*“, beten wir ja im ***Vaterunser!***

Aus der Zumutung des stellvertretenden Sühnegebets resultiert ein eindeutiger Hinweis, dass wir ***nicht (ver)urteilen dürfen***. Jedes Richten im spirituellen Sinn ist Gott zu überlassen. Denn der Mensch kann immer irren, wenn sein „*Geistesauge*“ getrübt ist, auf Grund seiner „ungesunden Eigenliebe“, was unsere ***Gabe der Unterschei-***

dung beeinträchtigt. Unsere Aufgabe ist es, stellvertretend und sühnend für unsere Mitmenschen in Gebet und Opfer einzutreten, aber nie, sie zu verurteilen.

Die Muttergottes mit dem Jesuskind, Katharina von Siena und Dominikus, Missionskloster Königin der Apostel, Wien 17, unbekannter Künstler (Heise)

Menschen, deren Lebensläufe Bruchlinien aufweisen, können mit der ***Vorsehung Gottes*** in Konflikt geraten. Denn die Frage drängt sich immer wieder auf: Wieso ich? Warum lässt Gott so etwas zu? Die Frage ist verständlich, impliziert aber einen (wenn auch meist nicht eingestandenen) Verdacht, Gott könne es mit einem doch nicht gut meinen, wenn er solches Leid, so klägliches ***Scheitern zulässt***. Katharina geht davon aus, dass - obwohl auch von ihm nicht gewollt - sogar ***die Sünde ihren Platz im Heilsplan Gottes*** hat. Sogar die Sünde, mit der andere uns schädigen (und wir sie, auch das kommt ja vor). Gott lässt auch die Sünde zu, ähnlich wie Krankheit oder Scheitern. So ***entspringt alles von Gott Zugelassene der Barmherzigkeit Gottes und ist nicht als Strafe aufzufassen, die zu richten oder sanktionieren wäre.*** Diese Erkenntnis zu vertiefen, bedeutet gewiss eine vorrangige Herausforderung!

Zusammenfassend könnte man sagen: Es ist überaus wichtig, das Vertrauen in die Barmherzigkeit Gottes nicht zu verlieren. Es würde zu großer Verwirrung führen und könnte Verzweiflung zur Folge haben. Für Katharina entspricht dem Heilswillen Gottes: ***Wer mehr nach der Barmherzigkeit Gottes hungert, wird auch mehr Barmherzigkeit erfahren.*** Darauf dürfen wir vertrauen! Freilich müssen wir selbst auch Barmherzigkeit üben, ***unser Herz in Gottes Barmherzigkeit „ausweiten“***, wie Katharina es ausdrückt. (Dialog, Kap.66).
Die größte und schönste Herausforderung für alle Glieder der Kirche!

Résumée und Präzisierung

Gottes Barmherzigkeit ist unermesslich und unbegreiflich, sein Heilswille so groß, dass er „mehr bereit ist zu verzeihen, als ein Mensch sündigen kann“. Indem uns Gott als individuelles Gegenüber so sehr respektiert, dass er uns einen freien Willen gegeben hat, lässt er auch die Sünde zu, welche damit ihren Platz im Heilsplan Gottes hat. Ein lange übersehenes Faktum.

Gott ist sogar bereit, Barmherzigkeit zu üben, wenn der Mensch sich gar nicht selbst um Vergebung müht, wenn ein/e Dritte/r in stellvertretendem Gebet und Sühne vor ihn tritt. Gott will, dass wir um vergebende Barmherzigkeit bitten - für uns selbst, aber auch stellvertretend für die Anderen.

Es ist unsere Aufgabe, angesichts der Sünde des Nächsten diesen zu ermahnen und für ihn stellvertretend vor Gott einzutreten, nicht jedoch, ihn zu be- oder gar verurteilen und zu richten. Denn wir könnten uns in unserer Einschätzung der Mitmenschen täuschen, da auch unser Geistesauge getrübt ist.

Auch hier kommt es auf die Liebe an: Je mehr „Herz“ wir in unsere Bitten legen, je stärker unsere liebende Sehnsucht nach dem Heil der Nächsten ist, umso mehr Barmherzigkeit werden wir erwirken, für uns selbst und unsere Mitmenschen.

"Durch die barmherzige Liebe
unseres Gottes
wird uns besuchen
das aufstrahlende Licht
aus der Höhe."

aus dem Lobgesang des Zacharias
(Benedictus), Lk 1,78

"Sein Erbarmen waltet
von Geschlecht zu Geschlecht,
über allen,
welche ihn fürchten."

aus dem Lobgesang Mariens
(Magnificat), Lk 1,50

Vertraue ich auf den Heilswillen Gottes?

Oder bestimmt eher Furcht vor der Gerechtigkeit und vor Strafe mein Leben?

Betrachte ich Furcht vor Gottes Gerechtigkeit vielleicht als eine Art Alibi dafür, mich nicht mehr um meinen Glauben zu kümmern?

Kann ich verzeihen, auch wenn es nicht sofort gelingt?

Vermag ich es, in schweren Fällen Gott um die Fähigkeit der Vergebung zu bitten?

Neige ich dazu, meinen Mitmenschen mit Vorurteilen entgegenzutreten, so dass ich ihnen in der Begegnung keine echte Chance lasse, sich zu outen?

Neige ich dazu, Andere zu verurteilen, wenn ich ihre Haltung nicht begreife, sie um etwas beneide oder in Zorn gerate?

Neige ich zu übler Nachrede?

Vermag ich mit Gebrauch meiner Vernunft zu unterscheiden zwischen wesentlichen und unwesentlichen Dingen?

Habe ich ein Gespür für das rechte Maß in den Dingen?

Vermag ich das von Gott Zugelassene, Leid und Scheitern, als Teil des Heilsplans Gottes zu begreifen?

Versuche ich, mich im Alltag um barmherziges Denken und Handeln zu bemühen, oder meine ich, es sei mit anonymen Spenden an Fernstehende getan?

„Und vergib uns unsere Schuld, wie auch wir vergeben unseren Schuldigern“: Habe ich verstanden, dass gemäß des Vaterunsers das Ausmaß der Vergebung Gottes auch an meiner Vergebungsbereitschaft liegt? Dass verstockte Herzenshärte für mich Konsequenzen hat?

„Mein Erbarmen ist vollkommen und schrankenlos,
so dass sich kein Vergleich anstellen lässt,
es sei denn jener zwischen ‚endlich' und ‚unendlich'."

(Gott zu Katharina von Siena, Dialog, Kap. 31)

Im Ansatz der *Mystagogisch-heilenden Seelsorge* nach dem Vorbild Jesu geht es vorrangig um die faktische Umsetzung des Heilshandelns Gottes in der Kirche: ein Sich-Einsetzen mit der ganzen Person für das Heilen von Wunden, äußeren und inneren, das Wachstum und Reifen eines jeden Menschen in seiner ganzen Persönlichkeit. Es gibt nicht mehr Zugehörige und Ausgesetzte, Gesunde und Kranke, Starke und Schwache, Helfer/innen und Hilfsbedürftige, sondern einander ebenbürtige Schwestern und Brüder im Herrn. In diesem Fokus vermag die Kirche als umfassendes Heilssakrament zu wirken, zu erstrahlen und für Außenstehende und Nichtchristen anziehend zu werden. (I.Heise, Einführung in eine Theologie der Empathie, 188ff).

V.4. Amtskirche und Barmherzigkeit - Kein Verurteilen und Mut zu „Auswegen“

Die ***Barmherzigkeit Gottes*** nimmt bei Katharina von Siena als Kirchenlehrerin einen bedeutenden Stellenwert ein. Erbarmende Barmherzigkeit muss in der Kirche ihren Niederschlag finden, vor allem im Wirken der ***Amtsträger***.

Es gilt also auch für Amtsträger (und für diese umso mehr), die Schwächen der Anderen ***„voll Mitleid vor Gott hinzutragen“***. Gute Hirten der Kirche richten nicht, sie nehmen vielmehr die Lasten ihrer „Schäflein“ ***in stellvertretender Sühne*** auf sich und bringen sie „in großem Mitleid“ (heute pointiert als „***Empathie***“ definiert) vor Gott.

So fleht sie Papst *Gregor XI.* an: „Habt ***Erbarmen*** mit den süßen und liebenden Wünschen, die für Euch und die heilige Kirche unter ständigen Tränen und Gebeten dargebracht werden! Behandelt sie bitte nicht mit Gleichgültigkeit, sondern sorgfältig.“ (Brief 218). Und später schreibt sie: „Nehmt doch Eure Kinder wieder auf... Es wird keine Schande sein, wenn Ihr Euch ***versöhnend herabbeugt***.“ (ebd). Wieder anderswo heißt es: „Erwartet von einem ***Kranken*** nur das, was er geben kann“, wobei sie im historischen Kontext unter den „Kranken“ besonders Gläubige versteht, die sich dem Gegenpapst zugewendet haben. (Brief 291). Später schreibt sie nochmals:

„Eure Kinder... ersuchen Euch um das Öl der Barmherzigkeit.“

Gott will Barmherzigkeit ***vor die Gerechtigkeit stellen*** - sogar dann, wenn der Mensch es selbst nicht will und ein anderer ***in stellvertretender Sühne*** für ihn eintritt. Die Amtsträger sollen "das Herz in Barmherzigkeit ausweiten"; nicht durch Vertuschung der Sünde, sondern indem sie *mit* den Sünder/innen „schwach werden", ihnen die Lasten abnehmen, anstatt ihnen neue aufzubürden. Auch ohne deren vollkommene Reue sollen die Hirten Barmherzigkeit üben, gegebenenfalls über ihre Schwächen hinwegsehen und in schwierigen Fällen "***Auswege***" schaffen (1 Kor 10,13!). Dies gilt es bei Katholik/innen nach Scheidung ihrer Ehe und zivilrechtlicher Wiederverheiratung zu beachten, indem ***auf die jeweils individuelle Situation einzugehen*** ist, bei Aufarbeitung der persönlichen Situation und Schuldfrage auch den Empfang der Sakramente Buße und Kommunion betreffend!

Katharina ist selbst in stellvertretender Sühne mit bestem Beispiel vorangegangen, wie ihr Biograf zu berichten weiß: „Die Hoffnung gab ihr Kraft, dass die so zahlreichen und so großen Sünden Anderer sie nicht abhalten konnten, voll Vertrauen sich aufzumachen, die Barmherzigkeit sowohl für sich, als auch für Andere zu erflehen. Damit verbunden war die völlige Zerknirschung über die Sünden und die Abbitte mit Tränen des Herzens und der Augen, ein glühender Eifer für die Seelen und eine Sorge um das Heil aller.“ (Legenda Major, 46)

Denkmal Katharinas von Siena bei der Engelsburg in Rom (W.Wolf)

Und Katharina hakt noch nach: „Habt ***Mitleid und Erbarmen*** mit all diesen Seelen, die verloren gehen. Schaut nicht auf das Ärgernis.“ Brief 291 an Papst Urban VI. ist aber noch nicht zu Ende! „Wenn es Euch scheint, Heiliger Vater, dass sie das *nicht in der gehörigen Weise erbitten, mit entsprechender Reue über ihre Schuld* (wie sie es an sich tun müssten und wie Eure Heiligkeit es gerne hätte), ach, so *schaut doch darüber hinweg!“* Und sie verheißt: „Und hinterher werden sie bessere Kinder sein als die übrigen.“ Und noch einmal fleht sie: „Gewährt mir diese Gnade und Barmherzigkeit! Versagt mir nicht die Brotkrümel, die ich für Eure Kinder erbitte.“

Der scheinbar „gute“, „bessere“ Christ verdankt sein Gutsein (wie auch seine ***Fähigkeit zum Gutsein*** überhaupt!) der ***Gnade*** Gottes, nicht eigenen Verdiensten. Ohne Barmherzigkeit gibt es anstatt „maßvoller“ Beurteilung nur starre, harte Gesetzesfrömmigkeit, die Jesus scharf angeprangert hat. ***Empathische Einfühlung*** ist nötig, um nicht alle unsere Nächsten über einen Kamm zu scheren, sondern Erbarmen walten zu lassen, auch (und vor allem) in der Kirche. So ist es Katharina ein besonderes Anliegen, vor allem von höheren Amtsträgern und Vorgesetzten in Klöstern Barmherzigkeit einzufordern. „Nicht einmal, wenn wir um einen Fehler wüssten, sollten wir über die Absicht urteilen, sondern wir sollten ihn mit großem Mitleid vor Gott bringen.“ (Brief 328). Sogar im (scheinbaren) Fehler des Nächsten ist ***Gottes Zulassung*** zu orten, zu respektieren und jedes Urteil zu vermeiden.

Für Katharina gilt als sicher: Kein Mensch, auch kein noch so fähiger und engagierter Papst, vermag die

„Verwüstung“ nur ansatzweise zu erkennen, die durch Unbarmherzigkeit in den Seelen angerichtet wurde und wird! (Gesetzes-)Gerechtigkeit darf der Papst nur so weit walten lassen, als es für die „kranken Kinder“ ***erträglich*** ist, und nicht mehr. (Brief 291)!

> „In glühender Liebe bin ich besorgt, euch mit meiner Gnade beizustehen.“
>
> (Gott zu Katharina von Siena, Brief 371)

Résumée und Exkurs:
Das Nachsynodale Apostolische Schreiben von Papst Franziskus „*Amoris Laetitia*“ vom 19.März 2016 als Meilenstein

Empathische Einfühlung schafft Raum für das barmherzige Wirken des Geistes Gottes; ihn soll der Amtsträger verkünden; für Gott, seine unendlich liebende Güte und Barmherzigkeit jedem einzelnen Individuum gegenüber soll der Hirte der Kirche ein lebendiges Zeugnis ablegen, indem er nicht richtet, sondern die Nöte der Gläubigen in stellvertretendem Gebet und Sühne vor Gott bringt.

Es ist Respekt gefordert vor den Wegen Gottes, vor seinem Heilswillen, vor seiner Vorsehung. Es ist ein Respekt, der sich in Barmherzigkeit ausdrückt, der Halt macht vor dem individuellen Heilsweg des Einzelnen und der Zulassung Gottes. Für „schwierige Fälle“, für scheinbar ausweglose Situationen gilt es auf pastoraler Ebene Auswege zu schaffen, auch hinsichtlich des Sakramentenempfanges.

Die Autorin Irene Heise bei ihrem ersten Besuch im Vatikan in der Angelegenheit Geschiedene u. Wiederverheiratete, 1991 (Heise)

Mit „***Amoris Laetitia***" hat Papst ***Franziskus*** der Kirche in schlichter, verständlicher Sprache ein kostbares, umfassendes Dokument zur „Freude der Liebe" geschenkt, nicht zuletzt auch den in der Ehe Gescheiterten. Eine große Anzahl an Aspekten der Familiendynamik und viele aktuelle Problemsituationen haben darin liebevolle Beachtung gefunden. Und es finden sich wesentliche Gedanken aus Katharinas Theologie und Mystik. Wir können sie hier nur ansatzweise herausspüren.

So fällt auf, dass der Papst im fünften Abschnitt ein ganzes Unterkapitel dem „***weiten Herzen***" widmet (Abs. 196-198). Er hat sich Katharinas Worte zu Herzen genommen: „Nur wenn Ihr Euch erhebt und Euch jene unermessliche Güte und Liebe Gottes zu seinen Geschöpfen zum Vorbild nehmt, werdet Ihr zur inneren Weite gelangen." (Brief 204). Diese Weite des Herzens fordert Katharina ja in vielen ihrer Briefe von allen Adressat/innen (darunter auch die beiden Päpste!) ein. Dem gesamten Kontext nach hat Papst Franziskus offenbar u.a. die „innere Weite" jener Seelsorger vor Augen, die, seit vielen Jahren um einen barmherzigen, integrativen Umgang mit Geschiedenen in der Kirche bemüht, von manchen Zeitgenossen bisher als lax im Umgang mit dem Evangelium missverstanden worden sind!

Das achte Kapitel (Abs. 307-312) widmet der Papst konkret der ***Barmherzigkeit***, wobei abermals an das Gleichnis Katharinas von Jesus Christus als „Brücke" zu erinnern ist, auf welcher, da „mit Barmherzigkeit überdacht“, die „müden Pilger“ (ausnahmslos!) mit Speise und Trank gelabt werden. (Dialog, Kap.27). Bahnt doch Papst Franziskus in „Amoris Laetitia“ den Wiederverheirateten Geschiedenen aus dem Dickicht theologischer Gegenargumente heraus auf pastoraler Ebene schlussendlich einen Weg zu den Sakramenten Buße und Kommunion!

"Die Gabe der göttlichen Liebe, die sich in die Eheleute ergießt, ist zugleich ein Aufruf zu einer beständigen Entfaltung dieses Geschenkes der Gnade."

(Papst Franziskus, Amoris Laetitia, 4.Kap., 134)

Thomas von Aquin, auf dessen Lehre Katharinas Theologie aufbaut, zitiert der Papst, wenn er von der oft ***mangelnden Liebesfähigkeit*** spricht: Es ist möglich, *Liebe zu „besitzen“*, diese jedoch aus Mangel an Tugend *„nicht gut ausüben“ zu können* (Abs. 301, nach *Thomas von Aquin*, Summa Theologiae, I-II.ae, q.65). Solche ***Unfähigkeit vermag schwere Sünde bei Wiederverheiratung nach Scheitern in der Ehe auszuschließen (welche dem Sakramentenempfang entgegenstünde).***

In Absatz 304 zitiert der Papst *Thomas von Aquin* ein weiteres Mal: Es gilt in der Ehepastoral die „gute ***Unter-***

scheidung*“ (*Thomas von Aquin,* aaO., q.94). „Besonnenheit und Unterscheidungsgabe***“ fordert auch Katharina vehement vor allem vom Amtsträger ein, die dieser benötigt, um die Dinge nach Gottes Willen zu beurteilen und in der Ehepastoral keine falschen Schlüsse zu ziehen, die ihn wiederum zu falschen, unbarmherzigen Konsequenzen verleiten könnten (Briefe 173 und 174). Unterscheidung darf vor allem *nicht von der barmherzigen Liebe abgekoppelt* sein - vorrangig dann, wenn es um die *Buße* geht: Buße nicht als Selbstzweck (wie etwa lebenslängliche Sakramentenverbote) und in Maßen. „Der auf Buße ohne kluge Unterscheidung gerichtete Eifer steht der geistlichen Entwicklung (die es in den Gläubigen zu fördern gilt, auch jenen, die sich in einer „irregulären Situation“ befinden, Anm.) im Weg! Mit anderen Worten: Wer aus Buße ein Fundament macht, behindert seine Vollkommenheit. (Dialog, Kap.9).

Liebe trägt wesentlich ***Unendlichkeit*** in sich. Als Teilhabe an der *unendlichen Liebe Gottes*, die *der Heilige Geist selbst* ist, hat sie keine Wachstumsgrenze (Abs. 135, nach *Thomas von Aquin.*, aaO., q.24). Auch Katharina wird in einer Vision von Gott erinnert: „Ich aber, der Unendliche, verlange unbegrenzte Werke, nämlich grenzenloses Liebesbegehren... Einzig auf die Kraft der Liebe kommt es an, die vom Licht der wahren Unterscheidung begleitet wird, denn anders wäre die Liebe ja wertlos. Unbegrenzte, bedingungslose Liebe erweist die Unterscheidung mir, der ich die höchste, ewige Wahrheit bin. Sie setzt der Liebe zu mir weder Regel noch Ende, dem

Nächsten aber wendet sie sich in maßvoller und geordneter Liebe zu." (Dialog, Kap.11).

Viele sind auf Grund mangelnder Liebesfähigkeit und Scheitern zu „geordneter" Liebe in einer kirchlich gültigen Ehe nicht (mehr) fähig. Sie finden in „Amoris Laetitia" liebevolles Verständnis, Barmherzigkeit, Heilungschancen, von kirchlichen Einrichtungen gefordert, sowie - auf pastoraler Ebene im *„forum internum*", dem Gewissensbereich - in Begleitung eines verständnisvollen, womöglich eigens geschulten Seelsorgers auch nach Wiederverheiratung geordneten Zugang zu den Sakramenten. Ein lange und schmerzlich ersehnter Meilenstein!

Kritische Stimmen beziehen sich meist einzig auf die Fußnoten 329, 336 und 351 in Kapitel 8, Punkt 300 des Originaltextes von „Amoris Laetitia" und übersehen das, worum es dem Papst letztendlich geht: ***eine Bekehrung des engen Herzens, weg von bloßer Gesetzesfrömmigkeit und hin zu einem echten Sich-Öffnen für den Geist der Liebe und Barmherzigkeit Gottes.*** Nimmt man den gesamten Inhalt von „Amoris Laeititia" in sich auf, ist unschwer zu erkennen, wie sehr sich das päpstliche Schreiben ***am Hauptgebot der Liebe orientiert***, in dem Jesus bereits vor 2.000 Jahren das lieblose Kleben am Buchstaben des Gesetzes außer Kraft gesetzt hat. „Amoris Laetitia" ist also zutiefst an der Frohen Botschaft orientiert und somit ein (spät erfolgter!) Fortschritt in der Kirche auf ihrem Weg durch die Zeit.

Habe ich schon erwogen, „Amoris Laetitia“ in ganzer Länge selbst zu lesen und zu betrachten?

Oder beschränke ich mich in meiner vorgefassten Meinung nur auf einige, aus dem Gesamtzusammenhang gerissene Passagen oder Fußnoten?

Eheringe auf rotem Samt (Heise)

VI.

Spirituelle Frauenkompetenz in der Kirche

"Alles vermag ich durch ihn,
der mir Kraft gibt."

(Phil 4,13)

VI.1. Braut Christi und geistliche Mutterschaft

Die Ordensfrauen lagen Katharina ganz besonders am Herzen; an Augustinerinnen, Benediktinerinnen, Dominikanerinnen, Franziskanerinnen und ihre Mitschwestern, den Dominikanerinnen-Laienschwestern, „Mantellatinnen“ genannt, hat sie immer wieder Briefe gerichtet, in denen das Motiv der ***Brautschaft*** eine ganz besondere Rolle spielt. So widmet Katharina einen ganzen Brief dem *Gleichnis von den klugen und törichten Jungfrauen* (Mt 25, 1-13). Im Bild der *Lampe* darin sieht sie das ***Herz***: „Du siehst ja, dass die Lampe oben breit und unten eng ist ... Das heißt, dass wir unser Herz nach oben weit machen müssen für heilige Gedanken, Vorstellungen und beständiges Gebet.“ Das *Öl* deutet Katharina als die ***Tugenden***, vor allem ***Demut*** und ***Geduld***. Das *Licht* der Lampe wiederum symbolisiert für sie den ***Glauben***. Auch der Zahl *fünf*, die Jesus als „kluge“ Jungfrauen bezeichnet, misst Katharina eine spezielle Bedeutung zu: „Mit ‚fünf‘ ist gemeint, dass wir die fünf Sinne unseres Leibes unterjochen und beherrschen müssen..“ So haben die fünf törichten *Jungfrauen* „die ***Jungfräulichkeit ihrer Seele*** durch die Verdorbenheit der fünf Sinne verloren“. (Brief 23)

„Wo wirst du den Duft der Jungfräulichkeit spüren und Dich danach sehnen, dein Leben hinzugeben zur Ehre Gottes und für das Heil der Seelen?“, fragt Katharina und präsentiert auch gleich ihre Antwort: „In dieser süßen *Mutter*, dem ***Gebet***." Zugleich erörtert sie das Gebet als vorrangige Pflicht der Ordensfrau, das mündliche und innere Gebet, welche sich in der „ersten Art" treffen: dem ***ständigen Gebet***. „Das heißt: die *ständige Sehnsucht*. Diese Sehnsucht betet vor Gottes Angesicht in allem, was du tust, weil sie alle deine geistlichen und körperlichen Tätigkeiten auf Gott ausrichtet." Das Gebet der Ordensfrauen ist vergleichbar mit der „*Speise der Engel*". „Wir werden ***Geschwister der Engel*** und halten mit unserem Bräutigam das Mahl am Tisch des gekreuzigten Verlangens - das heißt, wir finden unsere Freude im Bemühen um die Ehre Gottes und das Heil der Seelen... Ein solches Beten ist wie eine Mutter, die in der Liebe zu Gott die Tugenden empfängt und sie in der Liebe zum Nächsten gebiert." (Brief 26). Hätte Katharina die ***geistliche Mutterschaft*** treffender formulieren können?

"Die Jungfrauen, die bereit waren,
gingen mit ihm
in den Hochzeitssaal."

(Mt 25,10)

Seit jeher tragen die meisten Ordensschwestern - ob in kontemplativen oder tätigen Klöstern - einen zweiten, zusätzlichen Namen: ***Maria***. Mit ihrer besonderen Verbundenheit mit der Jungfrau und Gottesmutter Maria geben sie damit zugleich Zeugnis ab von ihrer liebenden Nähe zu ihrem Bräutigam Jesus Christus. „Betrachtet die unaussprechliche Liebe, die Gott Euch entgegenbringt", erinnert Katharina, „Schaut auf die zärtliche Frucht, das unbefleckte Lamm, den Samen, der in das liebliche ***Ackerfeld*** Mariens hineingepflanzt wurde!" (Brief 138).

Wiederholt spricht Katharina die klösterlichen ***Gelübde*** an, nach der ***Ehelosigkeit*** auch die ***Armut*** und den ***Gehorsam***. Nicht nur Schwestern sollen „zur Krippe gehen", um dort Maria zu finden, „als ***Pilgerin*** so *arm*, dass sie nicht einmal Windeln besaß, um Jesus einzuwickeln" (Brief 363). Hinsichtlich des *Gehorsams* dürfen sich die Schwestern (wie auch die Ordensbrüder) an Maria ein Beispiel nehmen: „Ich möchte, dass Du das von der lieben Mutter Maria lernst, die uns zur Ehre Gottes und zu unserem Heil ihren Sohn geschenkt hat, der am Holz des Kreuzes starb." (Brief 299). Es gilt, „eins zu sein" mit der Liebe des gehorsamen Jesus. (Brief 144).

Katharina sieht Maria noch differenzierter: als ***Mutter der Gnade und Barmherzigkeit***, als ***Mittlerin***, als ***Fürsprecherin***, ja sogar originell als „***Feuerwagen***, der uns das Feuer der Liebe gebracht hat" (Brief 184). Maria ist wie „ein ***veredelter Baum***, vom Schwert des Hasses und der Lanze der Liebe verwundet" (Brief 30), eine „***gesegnete Blüte***" (Brief 144) und - eine Rolle, die sie auch heute verstärkt und, blickt man auf die Erscheinungsorte, erfolgreich einnimmt - als ***Mutter des Friedens***.

Die Ordensfrauen und -brüder (und nicht nur diese!) sind aufgefordert, zu Maria als Fürsprecherin zu beten, ja „bei allem“ zu Maria zu eilen (Briefe 9 und 267). Wir erinnern uns: auch Maria ist ***in unserer inneren Zelle***, unserer Seele zu finden (Brief 159)!

Jesus und Katharina, Dominikanerkirche Wien, F.Roettiers (Heise)

„Wende Dich an die süße Maria“, fordert uns Katharina auf, und verheißt zugleich: „Dein süßer Gott wird Dich nicht zurückweisen“ (Brief 276). Maria verschmäht die Gebete nicht, sie nimmt sie voll Güte an (Brief 342). Daneben bedeuten die Gebete aber auch eine moralische Verpflichtung für den Menschen: „Weist die Liebe der Jungfrau Maria und die Gebete und Tränen nicht zurück, die für Euch vergossen wurden“ (Brief 15).

Gefahren für das geistliche Leben der Ordensfrauen sieht Katharina, ähnlich wie beim Klerus der Fall, in der Versuchung zu Überheblichkeit und Stolz, welche zu ***„geistlichem Eigenwillen“*** führen, und zwar „so wie ein Zweig, der aus der Seite eines Baumes herauswächst... Sie sind sich selbst unerträglich, und es macht ihnen keine Freude, Gott und dem Nächsten zu dienen.“ Ungeduld macht sich breit, der Geist wird unfruchtbar und trocknet aus. Verwirrung und Traurigkeit sind die Folge. Es ist ein langes Schreiben (Brief 38), das Katharina an eine ihrer Mitschwestern richtet, in dem sie nachdrücklich um eine Neubesinnung der Adressatin auf ihren Bräutigam Jesus Christus wirbt, den sie in ihrem Herzen trage und einzig in dessen Angesicht sie „mitten im Krieg“ ihren Frieden wiederzufinden in der Lage sei.

Alles in allem ist für Katharina der bevorzugte Ort der Ordensfrauen das ***Kreuz Christi***, wo sie „auszuruhen“ vermögen „und mit den Augen des Geistes auf das aus Liebe geopferte und geöffnete Herz schauen... Legt Euren Mund an die geöffnete Seite des Gottessohnes; denn seine

Seite ist ein Mund, dem das Feuer der Liebe entströmt." (Brief 97). Katharina wusste, was sie sagte, lebte sie doch in der ständigen, mystischen Nähe zum geöffneten Herzen Jesu.

Résumée und Präzisierung

Echte Motive einer Berufung zur ungeteilten Hingabe an Gott in einem geistlichen Beruf können nur der *ganz individuelle Anruf Gottes* und die von Gott selbst geschenkte, *personale Liebe* zu ihm und zum fortlebenden Christus in den Gliedern seiner Kirche sein. Diese Voraussetzungen bilden erst die echte, innere Basis für eine ungeteilte Verfügbarkeit für den Nächsten nach dem Vorbild Jesu, welche auch heute noch ihre Berechtigung und ihren Platz in Kirche und Gesellschaft hat. (I.Heise, Soldatenstiefel und Zuckerrohr, 154ff).

So nehmen Ordensleute immer neue, unersetzliche Aufgaben wahr, von Urlaubsangeboten in zahlreichen Klöstern mit mannigfaltigen Zusatzdienstleistungen, wie Meditationskursen, Regeneration von Burnout-Patient/innen oder Beratung und Einübung zu gesunder Ernährung, bis hin zu mutiger, tatkräftiger Ausstiegshilfe für Zwangsprostituierte. Andere Klöster müssen trotz segensreicher Arbeit Einrichtungen schließen, weil sie mit neu definierten gesetzlichen Auflagen nicht mithalten können, wie etwa das bewährte Altenheim eines Karmelitinnenklosters in Wien zusperren musste, da die Gänge auf einmal als zu schmal befunden wurden (laut Angabe müssen neuerdings zwei Rollstühle nebeneinander Platz haben). Nur ein Beispiel von vielen.

Verständnis für den geistlichen Stand ist in und außerhalb der Kirche weitgehend geschwunden, was in der Folge freilich auch negative Auswirkungen auf das Selbstverständnis von Priestern und Ordensleuten haben kann. Der Anruf Gottes zum Priester- und Ordensstand mag für immer ein Glaubensgeheimnis bleiben, das von der Erhabenheit der geistlichen Berufung zeugt. Leider wird dieser Aspekt seit Jahren durch die brennende Frage um den Pflichtzölibat für Priester verdunkelt - einem Kirchengesetz, das veränderbar ist, da der Zölibat nicht zum Wesen des Priestertums zählt, und, wie man hört, nun durch Papst *Franziskus* ernsthaft zum Thema gemacht werden soll. Ehelosigkeit um des Himmelreiches willen wird fälschlich gleichgesetzt mit Zölibat. Und darunter haben viele Betroffene zu leiden.

„Wer das erfassen kann,
der erfasse es."
(Mt 19,12)

Die Vorurteile gegenüber Ordensleuten sind - nicht zuletzt der schrecklichen Missbrauchsfälle einer doch beträchtlichen Minderzahl von ihnen wegen - gewachsen, man hört von Beschimpfungen und Anpöbelungen im öffentlichem Raum, der in früheren Tagen selbstverständliche Respekt vor dem geistlichen Beruf ist weitgehend geschwunden. Die Glaubwürdigkeit der Boten Christi ist in Gefahr geraten. Man tut es sich vielfach nicht an, zu unterscheiden, worunter jene Ordensleute zu leiden haben, die ihre Gelübde in Treue zu leben trachten.

Schlimm wird es, wenn auch Bosheit ins Spiel kommt, wenn etwa Schwestern in öffentlichen Verkehrsmitteln angepöbelt werden. Mehr noch, in einem Fall wurde eine liebenswürdige, herzliche Schulschwester nach einem komplizierten Armbruch im Unfallkrankenhaus unter Verzicht auf eine örtliche Betäubung so grob „behandelt“, dass an ihr, schwer geschockt, in der Folge eine Wesensänderung zu beobachten war. Schlimmer noch: Im Kontakt mit Schwestern verschiedener Orden ist eine unverhältnismäßig gehäufte Anzahl von offenkundig überflüssigen, operativen Eingriffen zu bemerken; Symptome, die üblicherweise eine konservative Behandlung erfahren, werden „gehorsamen“ Schwestern gegenüber allzu oft als akute Krebsgefahr interpretiert und ihnen eine Operation einzureden versucht, wobei „vorsichtshalber“ oft auch gleich Organe mit entfernt werden sollen (was noch mehr Geld bringt). Beispiele und Verdachtsmomente, die betroffen machen.

Wie geht es mir als Ordensfrau, als Ordensbruder? Erlebe ich mich im meinem Kloster, an meinem Wirkungsort geschätzt?

Welche Möglichkeiten, auch abseits des gelebten, geistlichen Lebens, stehen mir zur Verfügung, um mein Selbstverständnis zu stärken?

Vermag ich so manchen „Gegenwind“ mit Nachsicht und Humor zu nehmen und so mein Leben in einer guten Balance zu halten?

Oder haben die Enttäuschungen so überhand genommen, dass ich sie nicht mehr aufarbeiten kann, sie mein Leben bestimmen oder mein geistliches Leben gar schwer beeinträchtigen? Wie kann ich mein Leben wieder „auf die Reihe“ bekommen? Kann ich mir eine Auszeit an einem geeigneten Ort nehmen („Sabbatjahr“)?

Ist mir als Ordensfrau bewusst, dass auch ich, unter dem Gehorsamsgelübde stehend, „wachsam“ zu sein habe und nicht alles glauben darf, was mir Dritte (auch angeblich Kompetente, und seien es auch „Helfer“) erzählen?

Überlasse ich das kritische Denken lieber den Oberen? Habe ich übersehen, dass auch „Unvernunft“ im Evangelium nach Markus sogar als „Böses“ klassifiziert wird (Mk 7,21 - 23)?

Kein Wunder, dass in einem solchen Klima Priester- und Ordensberufe immer schlechter gedeihen. Abseits von dem Problem des Pflichtzölibats für Priester ist in der Kirche unumstritten geblieben, dass es Berufungen zur freiwilligen Ehelosigkeit um des Reiches Gottes willen gibt: „Wer das erfassen kann, der erfasse es“ (Mt 19,12). Die Bedingungen für ein gedeihliches Wachstum einer geistlichen Berufung sind in der digitalisierten Gesellschaft vielleicht ungünstiger denn je zuvor, und das Durchhalten, verbunden mit einer bis zu einem gewissen Grad unumgänglichen, inneren Distanzierung zur Mitwelt, führt junge Menschen, die einen Priester- oder Ordensberuf erwägen, in vielen Fällen zur Aufgabe.

Veranstaltungsreihe Prof.in Irene Heise für Ordensangehörige, 2009 - 2012 (Heise)

Wie ist mein Verhalten gegenüber Ordensleuten? Respektiere und achte ich sie als Menschen, die vom Reich Gottes ganz besonders Zeugnis ablegen (sollen)?

Kann ich Verständnis aufbringen für Ordensschwestern, die geschwächt und mutlos geworden sind, die vielleicht mit unserer digitalisierten Gesellschaft nicht mehr mithalten können, oder urteile ich sie kaltblütig (und vielleicht sogar öffentlich) ab?

Kann ich mir vorstellen, eine Ordensschwester, einen Klosterbruder, einen Priester konkret zu ermutigen, ihr/ihm tatkräftig zur Seite zu stehen? Wie kann ich das bewerkstelligen?

Im Ordensleben bedeutet Ehelosigkeit um des Reiches Gottes willen also im wesentlichen, sich Gott ganz zur Verfügung zu stellen, auf diese Weise ganz verfügbar zu sein für den Willen Gottes und die Mitmenschen und so am Erlösungswirken Christi ganz besonders eng teilzuhaben. Trotzdem gewinnt die Zusammenarbeit mit den „Laien" in der Kirche immer mehr an Bedeutung, wobei neue Geistliche Gemeinschaften und Erneuerungsbewegungen besonders hervorzuheben sind. Da es solchen oft an finanziellen und räumlichen Möglichkeiten zur Entfaltung mangelt, sind gemeinsame Projekte mit Ordensgemeinschaften gefragt.

Wie gestaltet sich als Ordensfrau, als Ordensmann meine Zusammenarbeit mit „Laien" im Kloster, im Bildungszentrum? Unterstütze ich Erfolg versprechende Ansätze tatkräftig?

Oder nehme ich derartige gemeinsame Projekte so wenig Ernst, so dass ich - etwa nach einem Wechsel der Oberen - die Zusammenarbeit lieber „einschlafen" lasse und keine kontinuierliche

Fortführung der vielleicht wertvollen Projekte ermöglicht wird?

Vermag ich zu begreifen, wie wichtig sich die verlässliche und verbindliche Einbindung von engagierten Laien ins kirchliche Leben gestaltet?

Ordensschwestern und -brüder sind Menschen, die sich ihr Leben nicht vorstellen können, ohne es ganz vom Gottesdienst umweht zu sehen, und die Gott über alles lieben. Sie wollen durch ihre spezielle Lebensform lebendiges Zeugnis sein für die endzeitliche Existenzform, zu der alle berufen sind, auf die wir alle zugehen. Es handelt sich also um ein *existentielles Zeugnis für die existentielle Bedürftigkeit und Verwiesenheit des Menschen auf Gott.*

Ist meine Liebe zu Gott und meiner Berufung noch lebendig?

Habe ich vielleicht noch irgendwelche „Leichen im Keller", die aufzuarbeiten sind? An wen kann ich mich wenden?

Verspüre ich in mir ungesunde (sexuelle) Neigungen, die an sich noch nicht sündig sind, die aber früher oder später unheilvoll aufbrechen könnten? Ist mir bewusst, dass ich in diesem Fall um meiner selbst und meinen Mitmenschen willen sogar moralisch verpflichtet bin, sehr schnell kompetente (therapeutische) Hilfe in Anspruch zu nehmen?

Im Falle eines Ordensaustrittes oder der Laiisierung: Steht mir über all der Trauer und Verunsicherung, bei all faktischer oder vermeintlicher Schuld und der Notwendigkeit ihrer Aufarbeitung die unendliche Barmherzigkeit Gottes vor Augen? Dass Gott auch mir und meinen Lieben einen Neubeginn schenkt und ich auf seine Liebe und Nähe weiter vertrauen kann?

Begegnung mit Ordensoberen, Spirituell-theologisches Zentrum Katharina von Siena (Heinz Riemer)

Es besteht kein Zweifel: Das Engagement *Mariens*, der Mutter Gottes, ist bis in unsere Tage spürbar, Brennpunkte bilden die (wahren oder angeblichen) Erscheinungen, verbunden mit Offenbarungen und Aufträgen. Nach langwieriger, genauester Prüfung sind immer wieder Erscheinungsorte von der Kirche anerkannt worden, am bekanntesten sind dabei wohl *Lourdes* in Frankreich und *Fatima* in Portugal. Seit Jahrzehnten steht *Medjugorje* in Bosnien im Fokus, das sich in vieler Hinsicht von anderen Erscheinungsorten abhebt, wie etwa die lange Dauer der Erscheinungen, die große Anzahl der Seher/innen und die (manche Gläubige irritierende) Tatsache, dass diese geheiratet und Familien gegründet haben und nicht ins Kloster gegangen sind. In diesem Fall gibt es durch Papst *Franziskus* eine erste, für viele sensationell anmutende Anerkennung der ersten Erscheinungen - und dies, obwohl die Seher/innen noch unter uns weilen. Eine Weichenstellung.

Während viele Gläubige an den Erscheinungsorten Kraft schöpfen, gibt es eine große Anzahl Zweifelnder, die sich von den Ereignissen samt ihren Randerscheinungen - fallweise ausbrechenden Hysterien, Devotionalienhandel - eher abgestoßen fühlen. Für sie kann tröstend sein, dass in der Kirche *niemand verpflichtet ist, sich mit den Erscheinungen zu beschäftigen, ja an sie zu glauben*, da *die Offenbarung mit Jesus Christus und dem Evangelium abgeschlossen* ist.

Es kann also zur Lehre Christi in der Kirche nichts Neues hinzukommen, wie das *II. Vatikanische Konzil* ausdrücklich betont („*Lumen Gentium*", 67): Gewarnt wird vor einer Überschreitung der rechten Lehre auf Grund Leichtgläubigkeit Wunderberichten gegenüber, oberflächlicher Sentimentalität und einer Fixierung auf äußere Praktiken. Maria vermag jedoch eindringlich zu erinnern, warnen, trösten und wieder neu zu Gebet und Opfer zu ermutigen. Genau das bedeutet für viele Christinnen und Christen eine immense Hilfe in schweren Zeiten, so dass die Warnungen Mariens von Zweifelnden nicht als Drohungen missverstanden werden sollten. Letztes Ziel der Marienverehrung muss „die Verherrlichung Gottes und die Verchristlichung des Lebens“ sein.

Schutzmantelmadonna, Wallfahrtskirche, St.Corona/Wechsel, Schnitzerei, unbek. Künstler (Heise)

Geht es um angebliche Erscheinungen und Botschaften Mariens, wäre aufmerksame Gelassenheit und vielleicht interessierte Offenheit anzustreben, gepaart mit einer kritischen Grundeinstellung und Wachsamkeit. Pointierter ausgedrückt hieße das: Sind die Botschaften Frieden verheißend, oder wollen sie Angst und Abhängigkeit erzeugen? Beunruhigen mich die Botschaften, oder vermitteln sie mir ein Empfinden inneren Friedens und wachsender Geneigtheit zum Guten, Schönen? Und vor allem: Gibt es irgendwo einen Widerspruch zum Evangelium? „Prüft alles und das Gute behaltet", wäre auch (und nicht nur) bei mystischen Phänomenen eine empfehlenswerte Grundhaltung (1 Thess 5,21).

Wie ist meine Einstellung zu Erscheinungsorten? Bin ich in der Lage, mich ihnen in kritischer Offenheit zu nähern?

Oder faszinieren mich Erscheinungen und (angebliche oder tatsächliche) Wunder so sehr, dass das Evangelium und die kirchliche Lehrmeinung für mich in den Hintergrund treten? Warum ist das so?

Wenn von Wundern die Rede ist, müssen als erhabenste Schätze der Kirche die *Reliquien,* die *Jesus Christus* zugeschrieben werden, ins Zentrum rücken. Auch wenn die Kirche deren Echtheit nicht offiziell bestätigen kann, da der letzte Beweis fehlt, ist ihnen doch als immerhin *mögliche* Manifestationen von Tod und Auferstehung des Herrn mit größter Ehrfurcht zu begegnen: neben dem

Grabtuch von Turin auch der *Schleier von Manoppello*, das *Sudarium von Oviedo*, die *Haube von Cahors*, der *Rock von Trier* und - nicht zuletzt - eine größere Anzahl von kleinen *Splittern des Kreuzes Christi*, eingefasst in zusätzliche Holzrahmen zur besseren Wahrnehmbarkeit und positioniert in goldenen Gefäßen, an vielen Orten auf der Welt verteilt.

> **„Das ist die wahre, echte Braut, die ihrem Bräutigam folgt."**
>
> (Katharina von Siena, Brief 79)

Es ist eine Ordensfrau, *Sr.Blandina Paschalis Schlömer OCSO*, die nach überaus gewissenhaften Nachforschungen ein Ehrfurcht gebietendes, reichlich bebildertes Buch über alle bisherigen Untersuchungen am Schleier von *Manoppello* und den anderen, Jesus Christus zugeschriebenen Reliquien verfasst hat, mit dem Titel „Jesus Christus. Lamm Gottes und schöner Hirt". Eine der wesentlichsten Erkenntnisse: Unter mannigfaltigen Untersuchungsmethoden haben Dreifach-Übereinanderlegungen zumindest bei Grabtuch, Schleier und Sudarium eine verblüffende Kongruenz ergeben.

VI.2. Apostelin und Kirchen-lehrerinnen - Zukunftsweisende Hoffnungsträgerinnen

Der tiefen, mystischen Verbundenheit zwischen Katharina von Siena und ***Maria von Magdala*** (*Maria Magdalena*) ist an dieser Stelle ein eigener Abschnitt zu widmen, und das gleich von mehreren Gesichtspunkten her. Maria Magdalena wurde Katharina nicht weniger als geistliche ***Mutter*** anvertraut und „von ihr mit großer Ehrerbietung angenommen“, nachdem sie Gott *eindringlich gebeten* hatte, „sich ihm ganz geben zu können“. (Supplementum, 101). „Bittet, und es wird euch gegeben“ (Mt 7,7): Gott will Großes geben, möchte aber, dass wir darum bitten wie Katharina.

Was war das „Große“ an Maria von Magdala? „Katharina empfand eine so tiefe Liebe zu ihr, ...dass sie mit ihr verkehrte, als wäre sie ihre Mitschwester“, heißt es überdies, „Auf diese Weise spürte sie zu jeder Stunde des Tages und der Nacht eine neue Wonne und einen Wandel ihrer Seele.“ (56). Dabei begegnete Magdalena Katharina vor allem beim ***Kreuz Christi***. „Geht mit der lieben und verliebten Magdalena zum süßen und verehrenswerten Kreuz“, rät sie einer Briefadressatin, „Dort werdet ihr das Lamm finden; dort könnt Ihr weiden und Euch stärken und Eure Sehnsucht erfüllen... Das sei Euer Banner und Eure Erquickung.“ (Brief 164). „Magdalena verachtete sich selbst um Gottes willen... Sie erkannte, dass sie selbst die Niedrigste von allen Menschen war... Sonst wäre sie nicht bei den Soldaten des Pilatus geblieben, noch wäre sie hingegangen und beim Grab geblieben. Die Liebe ließ sie nicht überlegen: ‚Werden die Leute schlecht über mich reden?' Bei solchen Gedanken hielt sie sich nicht auf, sondern dachte nur daran, wie sie ihren Meister finden und ihm folgen könnte." (Brief 165).

Vor allem aber finden wir bei Katharina Betrachtungen über Magdalena als ***erste Auferstehungszeugin*** am Grab Christi (Joh 20, 11-18). Dabei stellt Katharina diese Szene in einen weiteren, interessanten Zusammenhang: einen Bezug zu den Tiefen der Seele: „Geht hinein in die Kammer der Selbsterkenntnis und fragt mit Magdalena: ‚Wer wird mir den Stein des Grabes wegwälzen? Denn die Schwere des Steines (der Sündenschuld, Anm.) ist so groß, dass ich ihn nicht bewegen kann. Und sobald werdet Ihr zwei Engel sehen, die diesen Stein wegwälzen." (Brief 173 an jemanden, der seinen Orden verlassen hatte).

Im Heiligsprechungsverfahren, in dem noch Zeitzeugen Katharinas aussagen konnten, bezeugt nicht allein der Biograf, „dass die Jungfrau (Katharina) vielfach ***Visionen*** hatte. Unter diesen Visionen gab es einige, die ganz einzigartig waren..., über Maria Magdalena, *Luzia*, *Agnes*, und andere." (Prozess, 197). So bezeichnete sie das Brett, auf dem sie schlief, als „heiligen Tisch", auf dem „Christus und Magdalena Platz genommen" hatten. (Supplementum, 31). Auch unterwegs wurde sie von Magdalena und anderen Heiligen begleitet. Bei Ermüdung geschah es, dass Christus und Magdalena sie berührten, „und sofort wurde sie von ihrer Schwäche befreit.“ (29f).

Neben ***Kraft*** wurde Katharina durch Magdalenas Erscheinung auch ***Trost*** gespendet „und eine solche Glückseligkeit, dass sie davon ganz überwältigt wurde“. (33). Die Trosterfahrung war mit Empfindung von ***Süße*** verbunden: „Honig dünkt mich bitter im Vergleich zu der Süße Gottes, die ich in der Seele empfinde und die auch mein Geschmackssinn spürt.“ (45). „Während sie mit dem Beichtvater sprach, empfand sie persönlich die Süße, die Magdalena in ihrer Einsamkeit verkostet hatte.“ (109).

Maria von Magdala zu Füßen des Gekreuzigten, Kaiserjubiläumskirche der Trinitarier am Mexikoplatz, Wien 2, 12.Kreuzwegstation (Heise)

Hauptakzent der Beziehung Katharinas zu Magdalena ist freilich die ***Liebe zu Christus***, die ***Taten fordert***. „O Magdalena, du warst gewiss trunken vor Liebe!“ (Brief 61). So ermutigt Katharina ihre Adressat/innen, wie Magdalena zum „***Schild der Tugenden***“ zu greifen, um die „Schläge des Versuchers“ abzuwehren. „Die süße Magdalena hat diesen Schild auf eine solche Weise aufgenommen, dass sie sich mit aufrichtigem Herzen mit dem gekreuzigten Christus bekleidete.“ (Brief 165). „Sie (Magdalena) hat ihr Herz und ihren Verstand so sehr damit erfüllt, dass sie niemals etwas anderes lieben wollte als Christus Jesus. Ich möchte, dass Ihr Euch so verhaltet bis zum Ende Eures Lebens.“ (Brief 163 an eine Ordensfrau). Das Ausmaß unserer Liebe zu Gott und den Mitmenschen reicht bis ins ewige Leben hinein, wie Katharina auf mystische Weise vielfach erfahren hat. So durfte sie vernehmen, dass jene, „die brennender liebten“, im Himmel „mit vollerer Stimme“ singen, wie der Apostel *Johannes* und Maria Magdalena. (Supplementum, 32). Magdalena hätte in ihrem Leben viel geliebt, „so nimmt sie im ewigen Leben stärker Anteil an der göttlichen Liebe.“ (105).

„Das ist die Gefährtin,
die ich Dir gebe!“
(Katharina von Siena, Brief 165)

In Maria von Magdala sieht Katharina allerdings - und das mag im 14.Jahrhundert erstaunen! - nicht einzig die „liebende Jüngerin“ Jesu, sondern bereits „diese innig liebende ***Apostelin***..., die so sehr von Liebe erglühte, dass ihr nichts Geschaffenes genügte.“ (Brief 61). So war Katharina in der Einschätzung der Rolle der Frau in der Kirche ihrer Zeit um Jahrhunderte voraus, wenn auch ihre kritischen Äußerungen dazu in ständigem Bemühen um Gehorsam dem kirchlichen Lehramt gegenüber selten geblieben sind. In einem weiteren Schreiben fällt auf, dass sie ihre sonst üblichen Segenswünsche sogar ersetzt durch ein direktes: *„Ich, Katharina*, ermutige und *segne Euch* in seinem kostbaren Blut.“ (Brief 97).

> "Schließe Dich der süßen
> und in Liebe entbrannten
> Magdalena an
> und lerne von ihr!"
>
> (Katharina von Siena, Brief 276)

„Jeder Wanderer braucht ein Licht, damit er sich nicht verirrt... Darum bitten wir die liebe Magdalena.“ (Brief 30). Nehmen wir das Angebot Katharinas an, ist uns lichtreiche Begleitung in unserem Bemühen um die Nachfolge Christi sicher. Und ein Fortschritt von Frauenkompetenz in der Kirche.

Résumée und weiterführende Gedanken

Erst kürzlich hat Papst *Franzískus* einen bedeutsamen Schritt gesetzt: In seinem Dekret „*Apostola Apostolorum*" vom 3.Juni 2016 hat er Maria von Magdala im Rang ihres Gedenkens im Heiligenkalender und auch liturgisch als **Apostelin** mit eigenem Präfationstext für ihren „gebotenen Gedenktag", dem 22.Juli, *den Aposteln gleichgestellt.*

Als *erste Zeugin der Auferstehung* hat sie den Aposteln die Frohe Botschaft gebracht (Joh 20, 1-18) und war damit zugleich „der entscheidende ‚*missing link*' zwischen Karfreitagstrauer und Osterjubel" geworden.
(vgl. Radio Vatikan, Meldung vom 10 06 2016, http://de.radiovaticana.va/news/2016/06/10/liturgie_maria_magdalena_wird_den_aposteln_gleichgestellt/1236162).

Es überrascht vielleicht, dass der Kirchenvater *Hippolyt* bereits um das Jahr 200 (!) Maria Magdalena als ***„Apostelin der Apostel"*** ausgewiesen hatte, ein Prädikat, dem sich im 13.Jahrhundert der Kirchenlehrer *Thomas von Aquin* angeschlossen hat! Allerdings verschmolz daraufhin ihre Identität mit jener der Sünderin, die Jesus die Füße salbte (Lk 7, 36-50), und mit *Maria von Betanien*, der Schwester der *Martha* und des *Lazarus* (Lk 10, 38-42 und Joh 11,1-44). Das Mittelalter hatte diese Sichtweise bedauerlicherweise übernommen. Bis zur Korrektur dieser Fehleinschätzungen hat es wahrlich lange gedauert…

Ist mir bewusst, dass auch mein Glaubenszeugnis als Frau im „Laienstand" vor Gott von gleich großer Bedeutung sein kann wie jenes der Kirchenvertreter/innen geistlichen Standes?

Weiß ich um meine Bedeutung als Teilhaberin am Allgemeinen Priestertum aller Gläubigen?

Wie kann ich meiner Berufung als Frau „in der Welt" noch besser folgen? Habe ich meine Möglichkeiten schon ernsthaft geprüft?

Oder haben mich negative Erfahrungen in der Kirche gelähmt? Wie kann ich wieder Mut schöpfen? Wer könnte mir neue Perspektiven eröffnen?

Wir können nicht oft genug betrachten: Maria von Magdala als *Frau* und ehemalige, treue Gefährtin (*Jüngerin*) war die Allererste, welcher der auferstandene Jesus am Grab erschienen ist, und die er beauftragte, den männlichen Aposteln von seiner Auferweckung zu berichten. Entscheidend dafür war ihre große ***Liebe*** zu Jesus, die sie für dieses, für den christlichen Glauben alles entscheidende, mystische Ereignis der Auferstehung *empfänglicher* gemacht hat als Andere, die offenbar weniger liebten. Und welcher Jesus *zutraute*, die Zweifler zu überzeugen, ohne selbst ins Wanken zu geraten. Auch (und besonders) am leeren Grab Christi steht demnach fest: *Auf die Liebe kommt es an und nicht, ob groß oder klein, Mann oder Frau, nein, einzig allein auf die Liebe!* Es scheint oft, als hätten wir alle dies auch nach 2.000 Jahren noch nicht wirklich realisiert.

> **„Geh aber zu meinen Brüdern und sage ihnen: Ich gehe hinauf zu meinem Vater und zu eurem Vater, zu meinem Gott und zu eurem Gott."**
>
> (Der Auferstandene zu Maria von Magdala, Joh 20,17)

Wie steht es um meine Liebe zu Gott und zur Kirche als fortlebender, mystischer Leib Christi?

Vermag ich trotz Rückschlägen und Demütigungen als Frau in der Kirche zu unterscheiden zwischen dem göttlichen Element als Stiftung Jesu und den oft enttäuschenden Menschlichkeiten?

Habe ich meinen Platz in der Kirche gefunden, an dem ich mich wohlfühle und geborgen weiß? Auch ich habe ein Anrecht darauf.

Nach Maria, der Mutter Jesu, und Maria von Magdala, der Apostelin, wird den ***Kirchenlehrerinnen*** erhebliche Kompetenz bescheinigt. Bis zum Redaktionsschluss dieses Buches sind insgesamt vier Frauen zu Kirchenlehrerinnen ernannt worden: *Katharina von Siena*, die Karmelitinnen *Teresa von Avila* (1515 -1582) und

Therese von Lisieux (1873 - 1897). Katharina und Teresa sind 1970 zu den allerersten *weiblichen* Kirchenlehrerinnen erhoben worden, *Therese* folgte 1997. Im Jahr 2012 wurde die Benediktinerin, Universalgelehrte und Naturforscherin *Hildegard von Bingen* (1098 - 1179) zur bisher letzten weiblichen Kirchenlehrerin ernannt.

Als drei weitere, kompetente Frauen in der Kirche sind die ***Europapatroninnen*** zu nennen: Neben *Katharina von Siena*, der beide Titel zuerkannt worden sind, die Karmelitin *Edith Stein* (1891 - 1942) und *Birgitta von Schweden*, (1303 - 1373), Zeitgenossin Katharinas. Letztere hat Birgitta in einem ihrer Briefe selbst erwähnt: „Der Papst hat einen seiner Vertreter entsandt, und zwar jenen, der einmal der geistliche Vater jener Gräfin (Birgitta) war, die in Rom gestorben ist..." (Brief 127). Birgitta ist, wie Katharina, um die geistliche Erneuerung der Kirche und des Klerus bemüht gewesen.

Spät, aber doch kommt in der Leitung der Katholischen Kirche auch Bewegung in die Frage des ***Frauendiakonats***. Wir dürfen gespannt sein, wie die Entscheidung ausfallen wird, ob das Frauendiakonat tatsächlich der ersten Weihestufe des *Sakraments der Weihe* von Männern entsprechen wird. Derzeit ist eine Studienkommission mit dieser Frage befasst.

Immerhin hat Papst *Franziskus* in seinen Wortmeldungen eine verstärkte Beachtung der Arbeit von ***Theologinnen*** und ***feministisch-theologischer*** Ansätze eingemahnt und die Weisung erteilt, verstärkt Frauen in kirchliche Leitungsämter zu berufen. An vielen Orten haben die Anordnungen bereits Gehör gefunden, sind Bischöfe der Aufforderung gefolgt. Ebenso hat die praktische Wirksamkeit von ***Religionslehrerinnen, Pastoralassistentinnen und -helferinnen*** seitens des Papstes neue Aufwertung gefunden.

Habe ich als Theologin und Religionspädagogin meinen Platz in der Kirche gefunden, an dem ich mich mit meinen Fähigkeiten zufriedenstellend einbringen kann?

Oder leide ich unter der Gewissheit, viel mehr geben zu können, böte man mir eine reale Chance?

Wie gehe ich bei Zurückgesetztwerden von Kollegen und Vorgesetzten um? Vermag ich mich ohne Beeinträchtigungen zu behaupten, ohne zu verhärten, oder benötige ich vielleicht einen Wechsel meines Aufgabenbereichs, um nicht der Gefahr ständigen inneren Unfriedens ausgesetzt zu sein?

Daneben wird Papst *Franziskus* nicht müde, immer wieder mehr *Respekt vor Frauen und Mädchen*, verbunden mit dem *Schutz vor Gewalt und Missbrauch*, einzufordern. Wie wenig davon bisher umgesetzt worden ist, beweisen Medienberichte aus aller Welt tagtäglich. Wir lesen jedoch auch hin und wieder von Initiativen und Erfolgen im Kampf gegen patriarchalische Strukturen, nicht zuletzt dank überaus starker, engagierter, furchtloser

Frauen, deren ***Mut*** und ***Konsequenz*** größter Respekt zu zollen ist.

Der Auferstandene sendet Maria Magdalena, Pfarrkirche Eibesthal, NÖ, Ausschnitt (Oskar Larsen, mit freundlicher Genehmigung der Pfarre Eibesthal)

Ist mir auch als Nichttheologin bewusst, dass ich in der Kirche Christi als Frau dem Mann wertmäßig völlig gleichgestellt bin, auch wenn Frauen das Sakrament der Weihe (noch) nicht offensteht?

Wie ist meine Stellung in der Ehe, in der Familie? Bin ich in der Lage, konsequent einen Lastenausgleich in Haushalt und Kinderbetreuung durchzusetzen, damit mir auch Kraft und Zeit zur Erholung und zu einem gelebten Leben aus dem Glauben bleibt?

Ist mir bewusst, dass langjährige, stillschweigende Duldung von Ungleichgewicht in Ehe und Familie auf lange Sicht ein Scheitern mit vorprogrammieren kann?

Habe ich - möglichst schon vor der Ehe - mit meinem Partner Regeln für das Zusammenleben (am besten schriftlich) festgelegt, besonders meine absoluten „No-Goes", und sorge ich konsequent für deren Einhaltung? Oder neige ich dazu, immer wieder Abstriche zu machen und nachzugeben, entgegen meiner Überzeugung?

Habe ich verinnerlicht, dass auch mir als Frau das Menschenrecht auf körperliche Unversehrtheit zusteht? Dass ich unbedingt „den Anfängen wehren" muss bei Drohungen und der Gefahr erster Versuche einer Misshandlung?

Bleibe ich auch bei Inanspruchnahme von Vertretern der Helferberufe immer wachsam, oder vertraue ich ihnen blind und widerspruchslos?

Besitze ich das Selbstbewusstsein und den Mut, meine Rechte auch im Fall von Übergriffsversuchen einzufordern? Vermag ich, klar und konsequent „nein“ zu sagen? Oder benötige ich fachkundige Hilfe und Ermutigung zur Stärkung meines Selbstwertgefühls?

Ist mir klar, dass ich mich sogar zur Mittäterin mache, wenn ich Gewalt gegen mich und meine Kinder zulasse? Dass ich schon bei einer ersten Gewaltanwendung sofort handeln und Hilfsangebote annehmen muss?

Habe ich verstanden, dass Duldung von Gewalt gegen mich und meine Kinder nichts mit der Tugend der Demut zu tun hat?

Weiß ich, dass im Fall von Gewalt gegen mich und meine Kinder eine Trennung zur moralischen Pflicht werden kann?

Dass zu meinem und der Kinder Schutz eine Wiederaufnahme der Beziehung an eine erfolgreiche Gewalttherapie des Partners, gefolgt von weiterer, fachkundiger Kontrolle, geknüpft sein müsste? Dass ich hier keinerlei Kompromisse mehr eingehen darf?

Dass ich im Fall der Uneinsichtigkeit des Partners auch vom kirchlichen Standpunkt aus nicht verpflichtet wäre, die Ehe aufrecht zu erhalten?

Ist mir klar, dass Duldung von Suchtverhalten des Partners Co-Abhängigkeit zur Folge hat? Dass ich auch hier die Pflicht hätte, raschest fachkompetente Hilfe zu organisieren?

Ist mir bewusst, dass ich als Mutter Beispiel für meine Tochter bin? Dass meine Tochter durch meine Reaktions- und Verhaltensmuster - auch

Gewalterfahrungen betreffend - für ihre eigene, spätere Partnerschaft geprägt wird?

Vermag ich meine Tochter, meine Schülerin zu schützen vor Anpöbelungen, Mobbing und Übergriffen, vor allem in der Schule und gegenüber Kameraden aus archaischen Kulturen?

Ist ein verlässlicher Schutz des Mädchens, ihrer unantastbaren Personwürde nicht zu gewährleisten: Habe ich schon einen Schulwechsel oder wenigstens - wenn auch nicht „in Mode" - getrennte Klassen von Mädchen und Burschen erwogen?

„Geh aber zu meinen Brüdern und sage ihnen: Ich gehe hinauf zu meinem Vater und zu eurem Vater, zu meinem Gott und zu eurem Gott."
(Der Auferstandene zu Maria von Magdala, Joh 20,17)

Es empfiehlt sich, diesen - des Buchumfanges wegen knapp gehaltenen - Abschnitt zum Thema Frauenkompetenz abzuschließen mit einem in Handschriften neu entdeckten, berührenden Zitat der Europapatronin *Edith Stein*, gebürtige Jüdin, Karmelitin, Phänomenologin und Märtyrerin, zur Auferstehung Jesu. Unschwer ist in ihrer Betrachtung eine innige, zärtliche Liebe zu Christus erkennbar. Eine Liebe, die Edith jedoch nicht gehindert hat in einer konsequenten Haltung, Gleichberechtigung einzufordern. So hat sie sich im Jahr 1919 geweigert, ihre Habilitation mit einem männlichen Pseudonym einzureichen, worauf ihre qualifizierte Arbeit stillschweigend ad acta gelegt worden ist. Auch ihre Intervention im zuständigen Ministerium ist ohne Erfolg geblieben.

Liebe zu Gott als Frau schließt die beharrliche Einforderung von Gleichberechtigung nicht aus, wenn jedoch auch fast übermenschliche Geduld und Beharrlichkeit nötig sind. Gott sei Dank hat sich mittlerweile eine Vielzahl an männlichen Kirchenvertretern an unsere Seite gestellt.

Wo wir auch immer stehen in der Kirche: Mögen die mystischen Betrachtungen Katharinas wie auch nachstehende Kostbarkeit Ediths an unser Herz rühren und uns in der Liebe stärken.

Weiße Lilie (Heise)

Ostermorgen

Dunkel ist des Grabes Nacht,
doch der heiligen Wunden Strahlen
brechen durch des Steines Schwere,
heben leicht und schwebend ihn beiseite;
aus des Grabes Dunkel steigt empor
hoch der lichtverklärte, glanzumstrahlte,
neu erstand'ne Leib des Menschensohnes.
Leise tritt er aus der Höhle in die stille,
morgenstille Dämmerungsfrühe.
Leichter Nebel deckt die Erde;
tief durchleuchtet wird er jetzt
von weißem Schimmer - und der Heiland
schreitet durch das Schweigen
der vom Schlafe neu erwachten Erde.
Unter seiner heiligen Füße Tritt erblühen
lichte, nie geschaute Blüten -
und wo leise sein Gewand den Boden rühret,
leuchtet in smaragd'nem Schimmer auf die Flur.
Und von seinen Händen strömt der Segen
über Feld und Au in vollen, klaren Fluten -
und im Morgentau der Gnadenfülle strahlend
jubelt die Natur dem Auferstandenen,
als er stille zu den Menschen wandelt.

(aus: Edith Stein, Texte zur Fasten- und Osterzeit,
Geistliche Texte zum Nachdenken - Kleine Reihe 2, Edith-Stein-Stifung, Köln)

VII.

Zeugnis geben von der ewigen Güte und Schönheit Gottes

„Als er eine besonders wertvolle Perle fand, verkaufte er alles, was er besaß, und kaufte sie."

(Mt 13,46)

VII.1. Weite des Herzens in Empathie als „Seele der Nächstenliebe“

Wohl sind viele von uns schon engherzigen Menschen begegnet: Mitmenschen, die uns in unserer Unzulänglichkeit, unserem Scheitern nicht verstehen konnten oder wollten, die jede Einfühlung vermissen ließen, und von denen wir uns in ein zu enges Korsett eingezwängt fühlten, in das wir nicht (mehr) hineinpassen. Ihnen mag eine ***Weite des Herzens*** gefehlt haben.

Weshalb ist ein weites Herz für uns in der Kirche so notwendig? Es öffnet sich immer mehr für die *unendliche Barmherzigkeit Gottes*, sein unermessliches und unbegreifliches Erbarmen mit uns, und gibt vor aller Welt ***Zeugnis*** von der Liebe des einen, wahrhaften und barmherzigen Gottes. Wie nötig, wie immens wichtig ist dieses Zeugnis in der Welt heute!

> **„Dein Herz bebt vor Freude und öffnet sich weit.“** (Jes 60,5)
>
> **„Denn Deine Güte reicht, so weit der Himmel ist;**
> **Deine Treue, so weit die Wolken zieh'n.“** (Ps 108,5)
>
> **„Unser Herz ist weit geworden.“** (2 Kor 6,11)

Was ist zu tun? Katharina präzisiert: Es gilt, „***das Herz zu weiten in liebendem Verlangen nach dem Heil des Nächsten***.“ Es genügt also nicht, hin und wieder ein

„gutes Werk“ zu tun, währenddessen wir unserem leidenden Nächsten gleich neben uns, dessen Beweggründe wir nicht verstehen können, unsere Zuwendung verweigern. „Wir müssen unsere Nächstenliebe auf Gute und Böse ausdehnen“: Es ist nötig, ständig an uns zu arbeiten, ein echtes *Verlangen* zu entwickeln, den Mitmenschen in liebendem Verständnis zu begegnen; ja unser Herz zu weiten. Wir sollen „den Wein seines unaussprechlichen Verlangens nach unserem Heil in uns aufnehmen und dieses Verlangen Gott zurück erstatten - und zwar in dem Verlangen nach dem Heil unseres Mitmenschen.“ (Brief 136). Alles andere ist zu wenig. Dazu benötigen wir das ***Licht des Heiligen Geistes***.

> Weitet euer Herz
> in der Liebe zu Gott!"
>
> (Katharina von Siena,
> Brief 226)

Und noch ein Zweites: Unser weites Herz - offen für die Barmherzigkeit Gottes - ***bewahrt den leidenden und gescheiterten Mitmenschen vor Verzweiflung***! Der Verzweifelte läuft Gefahr, das Erbarmen Gottes gering zu achten und seine Sünde höher zu bewerten als die vergebende Liebe Gottes. Begegnen wir ihm als Gläubige mit engem Herzen und nehmen wir ihm so die Hoffnung auf Vergebung, treiben wir ihn in die „größte Sünde, derer sich ein Mensch schuldig machen kann“: die ***Sünde wider den Heiligen Geist***. Denn sie weist genau das zurück, lehnt genau das ab, was Vergebung möglich macht! (Dialog, Kap. 132). „Meine Barmherzigkeit ist unvergleichlich größer als alle Sünden, die ein Geschöpf je begehen könnte," spricht Gott zu Katharina. Und davon sollen wir lebendige Zeugen sein. Eine überaus große Herausforderung für uns!

Blick nach Norden vom Untersberg, Salzburg, in die Weite (Manuel P.Heise)

Bemühen wir uns um ein weiteres Herz, setzen wir einen *heilsamen Kreislauf* in Gang, da das echte Bemühen um Nächstenliebe unsere Seele stärkt - was wiederum zu einem weiteren Herzen führt, damit wir dem anderen mehr ***Empathie*** - bei Katharina *„compassione“* (ital.), Mitleid - entgegenbringen können.

Es spielt keine Rolle, dass Katharina von Siena der Begriff „Empathie“ noch unbekannt gewesen ist; ihr „Mitleid“ übersteigt vielmehr unsere herkömmlichen Vorstellungen von Empathie. Ihr tägliches, stunden-, ja manchmal tagelanges Fürbittgebet mit Nachtwachen geht ständig über die Kräfte ihres zierlichen und vom Fasten geschwächten Körpers hinaus. Auffällt bei Katharina, dass sie ihre empathische Zuwendung nicht „nur“ auf jene beschränkt, die ihr in den Straßen von Siena täglich begegnen, auf Kranke und Schwache. Sie empfindet Mitleid auch gegenüber Sünder/innenn, psychisch Kranken, „Besessenen“, bis hin zu Schwerverbrechern. So bekehrt sie den zum Tode verurteilten Mörder *Niccolo di Toldo*, begleitet ihn bis zum Schafott und „empfängt“ sein Haupt in ihren Händen, um ihn daraufhin in einer Vision „in die *Schatzkammer“ der Barmherzigkeit Gottes eingehen* zu sehen. (Brief 273).

Katharina vermag zu differenzieren zwischen der ***„Rose“*** - dem Menschen, als Ebenbild Gottes geschaffen - und seinen ***„Dornen“***, den (oft schweren) Sünden. Es gilt, *das Gute im Menschen zu erspüren und die „Dornen“ im Gebet vor Gott zu tragen in der Bereitschaft zu stellver-*

tretender Sühne. Sie beklagt, dass manche in der Kirche ihren Untergebenen „...ohne zu unterscheiden Lasten auflegen und Befehle geben, egal ob es sich dabei um Weltleute, Geistliche oder wen auch immer handelt. Ganz anders handeln jene, die *besonnen* sind.“ (Brief 213). Empathie schafft Raum für das Wirken des Geistes; für Gottes unendlich liebende Barmherzigkeit jedem Individuum gegenüber ist ein lebendiges Zeugnis abzulegen.

„Löse die Rose aus den Dornen,
indem du mir jene Fehler
in heiligem Mitleid darbringst."

(Gott zu Katharina von Siena, Dialog, 128)

Überaus liebenswürdig vermag Katharina „verirrte Schafe“ zur Umkehr zu bewegen! „Liebster und mehr als liebster Sohn in Jesus Christus“, schreibt sie, „Ich sehne mich danach, Dich wieder zu finden, kleines, verirrtes Schaf!... Deine arme Mutter geht aus, Dich zu suchen... Ich will Dich auf die Schultern meiner Sorge und meines Erbarmens mit Deiner Seele nehmen. Tröste meine Seele... Du hast mich viele Tränen und Schweiß gekostet." Empathie bedeutet für Katharina also nicht weniger als ***geistliche Mutterschaft***: die Anderen auf ihrem Weg zu begleiten unter ***Einsatz ihres ganzen Seins***, sie zu *stützen* und - mehr noch - *ihr Versagen selbst* *auszugleichen.* Unzählige Male weist Katharina auch ihre Mitmenschen, vor allem die Amtsträger, darauf hin, auf die Mühen und Beschwerden der Anderen zu achten, „vor allem, was jene betrifft, die *in der gleichen Liebe miteinander verbunden* sind.“ (Brief 77). Wobei sie die weit verbreitete Versuchung anspricht, sich lieber durch anonyme Spenden an Fremde und Ferne von der *Nächstenliebe* den tatsächlichen *Nächsten* (Familie, Ordensfamilie, ja aktuell Christ/innen überhaupt!) gegenüber freizukaufen. „Wenn Ihr nicht so handeln würdet, wäre das ein ganz großer Fehler!", mahnt sie.

Bei Katharina ist Empathie nicht weniger als die ***„Seele der Nächstenliebe“,*** denn sie erfordert *echte Betrübnis*, soll *den ganzen Menschen erfassen,* ihn im Innersten berühren und ihn über sich selbst, sein Ego, seine Sinnlichkeit emporheben. Empathie ist nötig, um die Nächsten ***maßvoll*** einzuschätzen in ihrer von Gott gegebenen, persönlichen Individualität, in ihren Schwächen und - etwa im Falle von Ehescheidung und Wiederverheiratung - ihrer *faktischen Unmöglichkeit, allen Vorschriften gemäß zu leben und zu handeln.* So ist ***Empathie ausgesprochen unabdingbar für den Einzelnen gemäßes, barmherziges Handeln in der Kirche***.

Résumée und Präzisierung

Der Begriff „*Empathie*“ wurde geprägt von *Carl Rogers*, einem amerikanischen Psychotherapeuten. Sie ist nicht bloß eine Art Gefühl, zu dem man mehr oder weniger

Talent haben kann; vielmehr ist allen geistig gesunden Christ/innen zuzumuten, echtes Mitleid *entstehen zu lassen*! Empathie entspringt einem *Willensakt*, erwachsen aus einem *„weiten Herzen“*, und ist *bewusst einzuüben*. Niemand kann sich darauf ausreden, für Empathie keine Veranlagung zu haben! Und sie ist unabdingbar, damit *unsere Sehnsucht nach Gott wachsen* kann, ja mehr noch, „der einzige Weg“ dazu. (Brief 65).

> „Der einzige Weg, wie wir unseren Nächsten maßvoll beurteilen können, ist unser Mitleid."
>
> Katharina von Siena, Brief 65)

Wie ist es um meine Empathie bestellt?

Bemühe ich mich grundsätzlich um ein weites Herz und Großzügigkeit meinen Mitmenschen gegenüber?

Gibt es Menschen in meinem Wirkungskreis, in die ich mich nicht hineinfühlen kann oder will? Warum?

Habe ich schon einem Menschen aus Unversöhnlichkeit die Hoffnung geraubt, weil ich mich nicht in seine Lage hineinversetzen wollte?

Habe ich schon einen Menschen in einer schwierigen Lage allein gelassen mit der Botschaft: „Das verzeihe ich dir nie!“?

Begegnen mir manchmal Menschen, die sich in einer ausweglosen Situation befinden und meine Empathie und herzliche Annahme dringend benötigen?

In Empathie für unsere Nächsten stellvertretend vor Gott, vermögen wir selbst „mitleidend zu spüren“, dass die „Wolke“ der Schuld aus deren Seele vertrieben wird (Brief 194). Wenn unsere Empathie auch den Allernächsten zuteil werden soll, muss sie doch auch der gesamten Kirche gelten. Der empathische Einsatz wird umso effizienter sein, je mehr der Wirksamkeit des *Heiligen Geistes* Raum gegeben wird, denn er ist es, der die Tiefen des Menschenherzens besser kennt, als wir es vermögen.

Empathisches Gespräch im Spirituell-theologischen Zentrum Katharina von Siena (Heinz Riemer)

Empathie vermag zu helfen, immens viel zwischenmenschliches Leid vermeiden. Wie sehr bedarf die Kirche als fortlebender Leib Christi auch (und gerade) heute noch unseres Mitleidens!

> **"Freut euch mit den**
> **Fröhlichen**
> **und weint mit den Weinenden."**
> (Röm 12,15)

Habe ich schon versucht, zu unterscheiden zwischen der Person meines Gegenübers (der „Rose)“ mit seiner individuellen Lebensgeschichte und seiner, wenn auch schuldbehafteten Handlungsweise (den „Dornen“)?

Oder „schere“ ich alle Mitmenschen „über einen Kamm“, egal, wie chancenreich oder -arm ihre Kindheit und Jugend, ja ihr bisheriges Leben verlaufen ist?

Neige ich zu Vorurteilen gegenüber Schwachen und Außenseitern, ohne hinter die Fassade zu blicken?

Glaube ich als Mann, Stärke zeigen zu müssen; werte ich Einfühlung und Güte als vermeintliche Schwäche ab?

Missbrauche ich meine Fähigkeit zur Empathie zuweilen, Andere gezielt zu beleidigen oder gar zu schädigen?

Vermag mir Empathie zu helfen, auf Gewaltanwendung zu verzichten? Kann ich das potentielle Leid meiner Frau, meines Kindes innerlich nachvollziehen? Wenn nicht, habe ich schnellstens eine einschlägige Männerberatungsstelle aufzusuchen.

In seiner Umwelt-Enzyklika „***Laudato si***“ stellt Papst Franziskus unmissverständlich klar, dass Empathie über unsere Mitmenschen hinausreichen und sich erstrecken soll über Fauna und Flora, ja über die ganze *Schöpfung*. Es müsste uns - bei aller, klarer Unterscheidung von Mensch und Tier! - ein Herzensanliegen sein, dass auch unsere Mitgeschöpfe artgerecht gehalten, kurz und schonend transportiert und stressfrei getötet werden; es sollte uns berühren, wenn Tiere im Interesse der Zucht oder der Wissenschaft in Massen gequält, zum Gaudium empathieloser Menschen entwürdigt und misshandelt, wenn Wildtiere, qualvoll ruhiggestellt, in den Laderäumen von Flugzeugen rund um die Welt geschickt werden. Es darf uns nicht egal sein, wenn ganze Lebensräume um des Profits willen abgeholzt, vermüllt, vergiftet werden, wenn neben Menschen auch Tieren und Pflanzen die Existenzgrundlage zerstört wird. Und wir dürfen uns nicht täuschen lassen durch angebliche Innovationen, die faktisch nur neue, ethisch unvertretbare Lösungen sind, wie etwa die unermessliche, Tieren unwürdige Massen“produktion“ von „Speiseinsekten“.

Weiß ich mich mitverantwortlich für die Schöpfung?

Bemühe ich mich im Rahmen meiner begrenzten Möglichkeiten, Tierleid zu verhindern, indem ich etwa auf regionale und Bioprodukte zurückgreife und auf Federn aus Lebendrupf verzichte?

Stehen mir Möglichkeiten zur Verfügung, zu einer Verbesserung der Bedingungen in Landwirtschaft, Viehzucht und -haltung beizutragen?

„Dass dieser süße Schmerz in Eurem Geist immer größer wird."

(Katharina von Siena, Brief 325)

Ein weiteres Mal ist an Papst *Franziskus* zu erinnern, und zwar in seinem Nachsynodalen Apostolischen Schreiben ***„Amoris Laetitia“***, Kapitel 8, „Die Zerbrechlichkeit begleiten, unterscheiden und eingliedern“: *„Auch wenn sie stets die Vollkommenheit vor Augen stellt und zu einer immer volleren Antwort auf Gott einlädt, muss die Kirche ihre schwächsten Kinder, die unter verletzter und verlorener Liebe leiden, aufmerksam und fürsorglich begleiten und ihnen Vertrauen und Hoffnung geben wie das Licht eines Leuchtturms im Hafen oder das einer Fackel, die unter die Menschen gebracht wird, um jene zu erleuchten, die die Richtung verloren haben oder sich in einem Sturm befinden.*“ (Abs. 291).

Kurz darauf verdeutlicht der Papst nochmals: *„Außergewöhnliche Situationen zu* ***verstehen*** *bedeutet niemals,* *das Licht des vollkommeneren Ideals zu verdunkeln, und auch nicht, weniger anzuempfehlen als das, was Jesus dem Menschen anbietet.*“ (Abs. 307)

Es gilt, den Menschen, und im besonderen den Gescheiterten, Licht in Krisen, Ängste und Schwierigkeiten zu tragen (Abs. 231), empathisch und mit einem weiten Herzen die Frohe Botschaft des Glaubens anzubieten (Abs. 253) und dabei im Licht zu ***unterscheiden*** und ***Barmherzigkeit*** walten zu lassen.

> **„Nicht die Gesunden brauchen den Arzt, sondern die Kranken. Darum lernt, was es heißt: Barmherzigkeit will ich, nicht Opfer. Denn ich bin gekommen, um die Sünder zu berufen, nicht die Gerechten.“**
>
> (Mt 9,12f)

Fürchte ich als Amtsträger der Kirche fälschlich, das kirchliche Ideal zu verwässern, wenn ich Ratsuchenden, die in der Ehe gescheitert sind, Barmherzigkeit erweise?

Beschränke ich meine empathischen Fähigkeiten nur auf das „Kerngeschäft“ in meiner Pfarre? Oder bemühe ich mich auch ernsthaft, mich in die Lage der Schwachen, der Randgruppen hineinzuversetzen und daraus für mein pastorales Handeln Schlüsse zu ziehen?

Neige ich zu unsensiblem Zugehen auf Andere unter fixer Erwartungshaltung?

Überstülpe ich - etwa in der Pfarrarbeit - meine Mitmenschen lieber mit vorgefertigten, starren Konzepten, als auf ihre persönlichen (vielleicht beschränkten) Möglichkeiten Rücksicht zu nehmen?

Vermeide ich es zuweilen, für Schwächere Partei zu ergreifen, und lasse sie lieber „auflaufen“, auch in der Pfarre?

Ist mir bewusst, dass mir als Vertreter der Amtskirche durch unempathisches, kränkendes und abweisendes Verhalten eine Verantwortung zukommt, wenn Gläubige „die Kirche“ nicht mehr als ihre Heimat erleben können?

Neben Katharina hat sich eine weitere Europapatronin sehr intensiv mit Empathie befasst: *Edith Stein* hat dieser Thematik sogar ihre philosophische Dissertation gewidmet mit dem Titel „Zum Problem der Einfühlung“. Unter vielen anderen Aspekten der Empathie kommt sie auf die Helferberufe zu sprechen und prägt den Begriff der ***kultivierten Einfühlung***“. So vermag beispielsweise ein Arzt sich nicht intensiv in jeden Patienten, jede Patientin einzufühlen; es würde seine Möglichkeiten überfordern. Dass er an bestimmten Symptomen ein Karzinom „zu sehen“ vermeint, verdankt er *nicht mehr (nur) der Einfühlung*, sondern seinem *Wissen*, dass jenes klinische Bild durch die Wirksamkeit des betreffenden Erregers hervorgerufen wird. Lange Übung führte zu *kultivierter*

Einfühlungsgabe, die hier aber *meist auf der ersten Stufe der Einfühlung stehen bleibt* und nicht zum Hineinversetzen in den krankhaften Zustand fortschreitet. (I.Heise, Einfühlung bei Edith Stein, 2006, 44).

Bin ich im ehrlichen Bemühen um Empathie schon einmal an meine Grenzen gestoßen - etwa wenn mich die Einfühlung in einen Menschen überfordert hat, sie an meine eigenen, nicht bewältigten, inneren Konflikte oder Traumata rührte? Ist mir bewusst, dass ich in einem solchen Fall das Recht habe, mich aus Selbstschutz zurückzunehmen, etwa indem ich eine/n Ratsuchende/n einer anderen Betreuungsperson anvertraue?

Sollte ich empathisches Handeln verinnerlicht haben: Belastet es mich zuweilen, dass ich nicht allen helfen kann? Dass ich meine Empathie „dosieren“ muss? Kann mir da der Blick auf die Barmherzigkeit Gottes Trost vermitteln und die Gewissheit, dass Gott von mir nicht mehr erwartet, als ich zu geben vermag?

Stellvertretende Empathie ist undenkbar ohne Liebe zu Gott und damit zu Christus, gipfelnd in *Empathie für das Kreuzesleiden Jesu.* Katharina hat durch ihre fortdauernde, sich ständig noch mehr vertiefende Hingabe die *größtmögliche empathische Vereinigung mit Christus* erfahren dürfen: die *Stigmatisierung*, den Empfang der Wundmale Christi (welche auf ihren Wunsch unsichtbar geworden sind). Stigmatisierung bedeutet letztendlich ein *existentielles Ähnlich-Werden* dem leidenden und verklärten Erlöser, so dass im mitleidenden Einfühlen in das Leiden Christi auch dessen Ganzhingabe an die sündigen Mitmenschen in größtmöglicher Intensität und außergewöhnlicher Stärke mitübernommen wird.

Katharina von Siena mit Dornenkrone und Stigmen, Skulptur am Haus Wien 14, Lorenz-Weiß-Gasse 6 (Heise, überarbeitet)

Wahrhaft Empathische empfinden das Leiden Christi wie auch das der Mitmenschen wie ihr eigenes, was bis zur realen Verwirklichung am eigenen Leib führen kann. Im seltenen Fall bis zum Empfang der Wundmale Christi.

Habe ich verinnerlicht, dass aus meiner empathischen Einfühlung bei meinen Mitmenschen Vergebung, Versöhnung und Heilung erwachsen können?

Begreife ich Empathie in Jesus Christus als erstrebenswert, auch ohne Bedingungen zu stellen oder von Gott die Erfüllung konkreter Wünsche zu erwarten?

Verstehe ich das Bemühen um Einfühlung in Jesus Christus, in sein Leben, seine Handlungsweise, vor allem jedoch in sein Erlöserleiden, als Liebesgewinn, den ich auch meinen Mitmenschen weitergeben kann?

Habe ich schon erfasst, dass meine Empathie in der Welt Zeugnis gibt von der allumfassenden Güte und Barmherzigkeit Gottes? Dass mein Zeugnisgeben unabdingbar notwendig und unersetzlich ist?

VII.2. Ästhetik und Kultur als Gradmesser unserer Verwiesenheit auf Gott

Neben anderen mystischen Gnaden besaß Katharina von Siena jene der ***Seelenschau***. Sie hatte die Fähigkeit, die ***potentielle Schönheit der Seelen*** zu schauen - also die Schönheit der Seele, wie sie *von Gott geschaffen wurde, ohne ihre Verunstaltung von Sünde und Schuld*. So fragt Gott Katharina einmal: „Scheint die Seele dir nicht voll Glanz und Schönheit? Wer würde nicht jede Mühe auf sich nehmen?... Wenn ich, der ich die höchste Schönheit bin und von dem jede andere Schönheit kommt, so sehr ob der Schönheit der Seelen in Liebe entbrannt war, dass ich in meinem Sohn zur Erde herabstieg - um wie viel mehr müsst ihr euch bemühen um die Schönheit der Seelen." (Legenda Major, 205).

Katharina spricht davon, ***Gottes Schönheit „im Abgrund der Dreieinigkeit zu verkosten***". „Ich erkenne dich als das höchste, grenzenlose Gut: ein Gut, das jedes andere Gut übersteigt, ein glückliches Gut, ein unschätzbares Gut; eine ***Schönheit, größer als jede Schönheit***." (Legenda Major, 442).

In Katharinas Mystik ist der Mensch ***dazu erschaffen*** worden, um ***Gottes Schönheit zu schauen, ihn zu lieben und darin ewig selig zu sein***. „Du hast mich aus dir herausgezogen", spricht sie pointiert in ihren Gebeten. Und das erklärt sie genauer: „Als Gott in sich hineinblickte, verliebte er sich in die Schönheit seiner Geschöpfe und wurde so sehr hingerissen vom Feuer seiner unschätzbaren Liebe, dass er uns erschuf - und zwar nur aus dem einen Grund, damit wir ewiges Leben haben und uns freuen können an seinem unendlichen Gut, das Gott in sich besitzt und dort genießt". (Brief 28). „Er tat es, bewogen vom Feuer seiner göttlichen Liebe, aus Liebe zu seinen Geschöpfen, indem er in sich hineinblickte und uns sah und vor Liebe erglühte über unsere Schönheit, über das Werk seiner eigenen Hände". (Brief 223). Gott hat uns erschaffen, „... um seine Schönheit und das ewige Leben ohne Tod zu genießen und uns darin ewig zu freuen".

Jesus Christus als König des Himmels und der Erde, Karmelitenkloster Wien 19, Entwurf: O.Jordan, Ausführung: L.Schadler (Heise)

Die Schönheit unserer Seele wird bewahrt durch das ***Licht der Vernunft***, durch das wir ***die Vorsehung und den Willen Gottes erkennen und danach zu leben vermögen***. Unsere Fehler beeinträchtigen unsere Schönheit und unsere Würde, weswegen wir uns die Güte und Schönheit Gottes immer wieder ***vergegenwärtigen und verinnerlichen*** müssen.

„Öffne dein *Geistesauge*“, lässt Katharina Gott selbst in ihrem, in Ekstase entstandenen Buch aussprechen, „und schau in mich; hier wirst du die Würde und Schönheit meines vernunftbegabten Geschöpfes erkennen. Und mit dieser Würde, die ich der Seele verlieh, als ich sie nach ***meinem Bild und Gleichnis*** erschuf, betrachte ich auch die Schönheit derer, die, mit dem hochzeitlichen Gewand bekleidet und mit vielen echten Tugenden geschmückt, mir in der Liebe geeint sind. Und fragtest du mich, wer sie seien, Ich würde dir antworten (...): Sie sind mein zweites Ich.“ (Dialog, Kap.1).

Und Katharina verheißt: „Wenn dann das Tor (zum ewigen Leben) offen ist, wirst du den ewigen Bräutigam vorfinden, der dich zu sich nehmen wird. Du wirst an seiner Schönheit und Güte Teil haben.“ (Brief 360). „Er ist *die höchste Weisheit und die höchste Macht, die höchste Güte und die höchste Schönheit - so sehr, dass über diese Schönheit selbst die Sonne staunt.*“ (Brief 81).

Auch in der Mystik der Kirchenlehrerin *Teresa von Avila*

spielt die Ästhetik eine bedeutende Rolle. Sie gipfelt in der tiefen Erkenntnis, dass Gott im Innersten des Menschen wohnt, und diese innerste Mitte im Menschen strahlt von einer unsagbaren Schönheit. In Ihrem Hauptwerk „*Die innere Burg*" möchte sie, „dass wir uns die Seele vorstellen als eine kristallene oder diamantene *Burg* mit vielen Wohnungen, so wie ja auch der Himmel viele Wohnungen hat. Recht betrachtet, liebe Schwestern, ist ja auch die Seele im Gnadenstand nichts anderes als ein ***Paradies***, an dem der Herr, wie er selbst sagte, seine Freude hat. Wie, meint ihr wohl, muss eine Wohnung beschaffen sein, in der ein so mächtiger, weiser, reiner und alles Gute in Fülle besitzender König sich erfreut? *Ich finde nichts, womit ich die große Schönheit und Weite der Seele vergleichen könnte, reicht doch auch unser noch so scharfer Verstand nicht aus, sie zu begreifen - so wie ja auch Gott unerkennbar ist. Sagte er doch, dass er uns schuf nach seinem Bild und Gleichnis.*" Und an anderer Stelle mahnt Teresa: „*Ihr seid ja fähig, recht hässliche und abstoßende Dinge zu betrachten: Warum dann nicht auch das Schönste, was man sich vorzustellen vermag?*" (Teresa von Avila, Die innere Burg, Kap.1).

Erahnbarkeit der unendlichen Schönheit Gottes und Ästhetik in höchster Vollendung als endzeitliche Perspektive: In der *Apokalypse*, der *Geheimen Offenbarung* des *Johannes,* lässt Gott den Verfasser in einer inneren Schau einen Blick auf das endzeitliche Jerusalem, in die Ewigkeit, werfen:

„Da entrückte er mich in der Verzückung auf einen großen, hohen Berg und zeigte mir die heilige Stadt Jerusalem, wie sie von Gott her aus dem Himmel herabkam, erfüllt von der Herrlichkeit Gottes. Sie glänzte wie ein kostbarer Edelstein, wie ein kristallklarer Jaspis... Ihre Mauer ist aus Jaspis erbaut, und die Stadt ist aus reinem Gold, wie aus reinem Glas. Die Grundsteine der Stadtmauer sind mit edlen Steinen aller Art geschmückt; der erste Grundstein ist ein Jaspis, der zweite ein Saphir, der dritte ein Chalzedon, der vierte ein Smaragd, der fünfte ein Sardonyx, der sechste ein Sardion, der siebte ein Chrysolith, der achte ein Beryll, der neunte ein Topas, der zehnte ein Chrysopras, der elfte ein Hyazinth, der zwölfte ein Amethyst. Die zwölf Tore sind zwölf Perlen; jedes der Tore besteht aus einer einzigen Perle. Die Straße der Stadt ist aus reinem Gold, wie aus klarem Glas... Die Stadt braucht weder Sonne noch Mond, die ihr leuchten. Denn die Herrlichkeit Gottes erleuchtet sie, und ihre Leuchte ist das Lamm.“ (Offb. 21, 10-11; 18-21; 23).

Amethyst
(Heise)

Résumée und Ausblicke

Soweit die Erfahrungen aus der Heiligen Schrift und der Mystik. Doch wie sieht es auf unserer Erde wirklich aus? Schönheit, Ästhetik wird in unseren Tagen weitgehend verdrängt durch Hässliches, Totes, durch Vulgäres, durch Übertechnisierung und Digitalisierung - die Liste ließe sich fortsetzen. ***Fehlende Ästhetik*** *aber macht die Menschen zunehmend krank an Leib, Seele und Geist,* ***raubt den Blick auf das Beständige, das Ewige****. Und auch das Beten fällt immer schwerer.*

Jedoch auch in unseren Tagen wird immer wieder einzelnen *Visionär/innen* die Gnade zuteil, schon hier auf Erden etwas von der ewigen Herrlichkeit zu schauen. So verschieden die visionären Ereignisse, kirchlich anerkannt oder (noch) nicht, auch erlebt werden, sie alle haben eines gemeinsam: ***die Heiligen im Glanz des ewigen Lichtes werden immer als unbeschreiblich schön gesehen -*** im Gegensatz zu Visionen des Bösen und der Sünde, die stets als erschreckend hässlich beschrieben werden.

So wiederholt sich etwa einer der Seher/innen von *Medjugorje*, *Ivan Dragicević*, unermüdlich in seinen Gebetstreffen, sein allererster Eindruck von der „Gospa" (es war der 24.Juni 1981, noch vor jedem gesprochenen Wort) wäre ihr *„sehr schönes Gesicht*" gewesen. Ein Eindruck, der sein künftiges Leben prägen würde, und das seit nunmehr 37 Jahren! „Mit der Gottesmutter zusammen zu sein", fährt er fort, „bedeutet auch wirklich,

mit ihr im Licht des Paradieses zu sein, im Licht des Paradieses mit ihr zu leben... Wenn Ihr die Mutter Gottes nur eine Sekunde sehen würdet, nur eine Sekunde, ich weiß nicht, ob Euer Leben nach dieser einen Sekunde noch interessant wäre... Ich benötige nach jeder Begegnung mit der Gospa einige Stunden, dass ich wieder auf die Erde zurückkehre."
(Ansprache anlässlich des Gebetstreffens in der Kirche St.Joseph, München, am 12 06 2011,
www.medjugorje.de; der Seher ähnlich in einer Ansprache im Wiener Stephansdom am 17 11 2011.)

Für Visionär/innen wie *Ivan Dragicević* haben sich auf Grund der unbeschreiblich schönen, übernatürlichen Wahrnehmungen ***die Prioritäten verschoben*** und einem neuen, den meisten von uns unzugänglichen Blickwinkel Raum gegeben. *Seher/innen, Visionär/innen werden sich zeitlebens dazu gedrängt fühlen, von der ewigen Schönheit des Himmels Zeugnis abzulegen!* Sie können ihren Mitchrist/innen Ermutigung spenden, einen neuen Blick für die Schönheit Gottes und die „Schönheit" unserer Seele.

Bin ich sensibel für Glaubensverdunstung und Werteverfall in unserer Gesellschaft?

Habe ich Mut und Zivilcourage, auch einmal gegen den „Strom" zu schwimmen, oder lasse ich mich treiben in der Meinung, jede Mode mitmachen zu müssen?

Ästhetik in der Musik: Wöckherl-Orgel, 1642, Franziskanerkirche Wien, eine der ältesten Denkmalorgeln weltweit (Heise)

Ästhetik im weiteren Sinn: Lege ich Wert auf eine gepflegte Kommunikationskultur?

Bemühe ich mich noch um eine gepflegte Sprache in Wort und Schrift, die noch ganze Sätze, Punkte und Beistriche kennt? Oder habe ich über die Kurznachrichten und Tweets im Internet bereits an Sprachkultur eingebüßt?

Ersetzen soziale Medien wie Facebook oder Twitter, WhatsApp und Instagram meine persönlichen Kontakte? Wer in meiner Umgebung, meiner Familie mag sich durch meine Konzentration auf Handynachrichten bereits übergangen und allein gelassen fühlen?

Ist es mir möglich, den Einsatz von Laptop und sozialen Medien weitgehend auf das Erwerbsleben und die Arbeitszeit zu beschränken?

Lösche ich mir im Einzelfall nötig erscheinende Apps nach Gebrauch gleich wieder? Oder hat sich auf meinem Computer bereits eine unüberschaubare Fülle an Programmen angesammelt, die mich ständig beschäftigen?

Überrasche ich meine Frau/meinen Mann auch nach längerer Ehe hin und wieder mit einer kleinen Aufmerksamkeit, Blumen oder einer Einladung an den gedeckten Tisch eines schönen Restaurants?

Mache ich meiner Frau/meinem Mann manchmal ein ehrlich gemeintes Kompliment? Bemühe ich mich, bei ihr/ihm das Schöne zu sehen?

„Der Mensch lebt nicht vom Brot allein“ (Mt 4,4): Auf dieses Wort Jesu, als er in der Wüste versucht worden ist, baut der ägyptisch-libanesische Jesuit *P.Henri Boulad SJ*, wenn er ausführt: „Wie stark und elementar ist unser ***Bedürfnis nach Schönheit!*** Die weltweiten Bemühungen des Umweltschutzes sind bei weitem nicht nur Maßnahmen einer Gesundheitspolizei, sondern man kämpft um die Rettung der Naturschönheit im tiefen Wissen um die Notwendigkeit für die menschliche Seele: ***Hunger nach Schönheit, Schönheit ist Seelennahrung.***“ (*Henri Boulad* in: Liturgischer Kalender 2005).

> „Kein Auge hat es je gesehen,
> kein Ohr hat es je vernommen,
> was Gott denen bereit hält,
> die ihn lieben!"
>
> (1 Kor. 2,9)

Anderswo ist von Ästhetik als ***Selbstschutz*** die Rede, „in einer schnelllebigen Zeit“ Schönes anzuschauen: „Unser Handeln, Sprechen und Denken kann anstrengend sein. Was uns aber keine Anstrengung bereitet, ist das Sehen... Ein geistliches Leben inmitten unserer Kräfte aufreibenden Gesellschaft verlangt von uns, dass wir ***bewusst Schritte unternehmen, um den inneren Raum zu schützen,*** *indem wir unsere Augen auf die Schönheit des Herrn* *gerichtet halten können.*“ („*b.w.*“ in: Liturgischer Kalender 2006).

> **„Hoheit und Schönheit**
> **sind vor seinem Angesicht,**
> **Macht und Glanz**
> **um seinen heiligen Thron.“**
>
> (Ps 96,6)

Der ehemalige österreichische Weihbischof und Direktor von Missio Austria, *Florian Kuntner*, bringt Schönheit mit der ***Tugend der Hoffnung*** in Zusammenhang, wenn er sagt: „Unsere Hoffnung kann nicht groß genug sein. Wir können sie niemals einholen, ***immer steht das noch Größere, noch Schönere offen***.“ Bei Gott gibt es keine Schranken, und so auch keine Grenzen, in ihm immer noch Schöneres erwarten zu dürfen. (*Florian Kuntner* in: Liturgischer Kalender 2008).

Egon Kapellari, ehem. Diözesanbischof von *Graz-Seckau* und zugleich ehem. zuständiger Bischof für Liturgie und Kultur in Österreich, erspürt auf Basis des II.Vatikanums ***in der Vielfalt der liturgischen Farben einen Hinweis auf die Schönheit Gottes***: „Schön wie der Regenbogen ist das Miteinander und Ineinander der Farben im katholischen Gottesdienst. Alle diese Schönheit soll ein Verweis auf die ‚unendliche Schönheit Gottes’ sein, von welcher das II.Vatikanische Konzil in Zusammenhang mit diesem Gottesdienst gesprochen hat." Auch unter diesem Aspekt habe neben der ***Kirchenmusik*** auch der ***liturgische Tanz*** seine Berechtigung. (Egon Kapellari, „Heilige Zeichen in Liturgie und Alltag").

Getanzte Ästhetik zum Lob Gottes: Die "Standard Stars"
Irene und Dieter Heise im Don Bosco Haus, Wien, 2018 (Heinz Riemer)

Wie lebe ich Sonntagskultur?

Kann ich etwas zur Pflege der Kirchenmusik beitragen?

Ist es mir ein Anliegen, dass Kulturgüter nicht dem Profit geopfert werden? Kann ich mich da irgendwie einbringen?

Zeugen meine Umgangsformen nicht nur an Festen von Kultur und gutem Benehmen - Grüßen, Bitten, Danken, zuvorkommendes, freundliches Auftreten?

Zählen höfliches Türe-Aufhalten, In-den-Mantel-Helfen, Vortritt-Lassen für mich zur bewährten Kultur unseres christlichen Abendlandes, die es zu bewahren gilt?

Oder halte ich derartige Gesten für spießig und „überholt“ (Wodurch?)?

Wie steht es um meine Verbindlichkeit und Konsequenz? Habe ich „Handschlagqualität“? Kann man sich auf mich und meine Zusagen verlassen?

Habe ich mir schon bewusst gemacht, dass Unhöflichkeit, Unverlässlichkeit und Unpünktlichkeit meine Mitmenschen empfindlich kränken können?

Dass zuvorkommendes Benehmen, auch Frauen gegenüber, und der Schutz von Kinderrechten wertvolles, christlich geprägtes Kulturgut sind, das ich nicht leichtfertig aufs Spiel setzen darf, vor allem in einer Zeit der Infiltration fremder, archaischer Kulturen?

Nun verwundert es nicht mehr, dass bereits im Jahr 2006 sogar der *Päpstliche Kulturrat* eine Vollversammlung zum Thema Schönheit abgehalten hat. „Ein Thema, das zu diesem neuen Pontifikat passt, schließlich hat *Benedikt XVI.* seine erste *Enzyklika* ja auch über die Liebe geschrieben“, wie im Newsletter des Vatikan angemerkt wird, und *Werner Freistetter,* dzt. Militärbischof Österreichs, wird zitiert: „Jeder, der ein schönes Kunstwerk, Schönheit in der Natur, gesehen hat, fühlt sich erhoben, fühlt sich über sich selbst hinaus gehoben. Im Grunde geht es da um eine sehr tiefe und innerste Dimension unseres Glaubens, nämlich die ***Faszination dieser Schönheit, der Liebe Gottes,*** *die uns von uns selbst weg zu Gott und wirklich zu uns selbst und zu den Menschen führt.* ***Schönheit als eine Grundkategorie christlichen Glaubens und Lebens, das ist wieder zu entdecken - und das ist wirklich ein Weg von Evangelisierung und von Dialog mit den Menschen von heute****.“* (Vatikan-Nachrichten, deutsche Webseite, Newsletter vom 31 03 2006)

Wie ist mein Verhältnis zur Musik, zu den bildenden Künsten und kultiviertem Tanz? Lege ich Wert auf Niveau, auf Förderung meines Sinnes für Schönheit und Erhebung des Geistes?

Verzichte ich auf den Genuss von „Kunst“ und „Kultur“, welche die niederen Sinne anspricht, das Schamgefühl verletzt, Perverses und Obszönes verherrlicht?

Nehme ich mir ausreichend Zeit, meine Kinder in qualifizierten Kunst- und Kulturgenuss einzuführen, der ihre Entwicklung und Erhebung zum Guten und Schönen fördert? Bemühe ich mich, sie nach besten Kräften vor obszönen Einflüssen zu bewahren und gegebenenfalls aufklärend zu wirken?

Ist mir bewusst, dass mein gelebtes Beispiel meinen Kindern gegenüber wichtig ist und ein allmählicher Verfall von Familienkultur Übergriffen und dem Zerbrechen von Beziehungen Tür und Tor öffnet?

Haben für mich Begriffe wie Heimatkultur und Brauchtum noch Bedeutung, in und außerhalb der Kirche?

Anfang 2018 hat Papst *Franziskus* einen Gruß an Künstlerinnen und Künstler gerichtet, die sich, wie er sagt, „bemühen, mit ihren Talenten und ihrer Leidenschaft ***die Schönheit erstrahlen***“ sowie allen Menschen in Situationen der Schwäche „***dank der Erfahrung der Schönheit in der Kunst Erholung finden***“ zu lassen. In einer „***Diakonie der Schönheit***“ sollen „***Oasen der Schönheit***“ geschaffen werden, die davon zeugen, „dass an Jesus glauben und ihm nachfolgen ‚nicht nur etwas Wahres und Gerechtes, sondern etwas Schönes ist.‘ (lt. „***Evangelii gaudium***“, 167). In der Schönheit soll letztendlich ***die Liebe Gottes wahrnehmbar*** werden. (Ansprache an die Mitglieder der Bewegung „Diaconie de la Beauté, am 24.Februar 2018).

Wie steht es um mein Auftreten in der Öffentlichkeit? Versuche ich, auch in meiner äußeren Erscheinung Zeugnis zu geben als Christ/in für die Schönheit und Erhabenheit Gottes?

Oder vermeine ich, es wäre nicht mehr zeitgemäß, stil- und geschmackvoll gekleidet aufzutreten?

Ist mir bewusst, dass schlampige, stillose Kleidung bei einem Besuch oder im Theatersaal meinen Mitmenschen den Eindruck zu vermitteln vermag, zu wenig gewürdigt zu sein?

Dass niveauvolle Kleidung in geschmackvollen Kombinationen nicht unbedingt teurer sein muss als der alltäglich gewordene „Schlabberlook“?

Dass ich mit primitiver, ständig zu erneuernder Massenware die Ausbeutung von Arbeiter/innen in Billiglohnländern noch mehr unterstütze?

> „Bringt dar dem Herrn die Ehre seines Namens,
> werft euch nieder vor dem Herrn
> in **heiligem Schmuck!**“
>
> (Ps 96,9)

Achte ich, soweit mir möglich, auf Fairtrade- und Öko-Siegel?

Habe ich verstanden, dass Schönheit nur in den seltensten Fällen etwas mit Ästhetischer Chirurgie, sondern meist nur mit Geschäftemacherei zu tun hat? Dass Schönheit nichts mit einer „modernen“

Nasenlänge oder Entfernung von sogenannten „Krähenfüßen“ zu tun hat?

> „Legt als neues Gewand
> den Herrn Jesus Christus an.“
>
> (Röm 13,14)

Pflege ich Tischkultur?

Gibt es bei mir in der Familie wenigstens eine gemeinsame Mahlzeit am Tag bei liebevoll gedecktem Tisch?

Oder finde ich es in Ordnung, wenn mein Kind unterwegs seine Pizza mit bloßen Händen aus einem Papierkarton hinunterschlingen muss?

Nehme ich mir die Zeit, meinem Kind zum Frühstück Gesellschaft zu leisten, oder schicke ich es im Hinblick auf eine gesunde Schuljause gar hungrig aus dem Haus?

Könnte ich wieder zum Kauf von Glas- anstatt Plastikflaschen zurückkehren?

Ist mir schon zu Bewusstsein gekommen, dass es einen Mangel an Kultur offenbart, Getränke in der Öffentlichkeit gleich aus der Flasche zu konsumieren, sie undosiert in sich hineinzuschütten, anstatt portionsweise Gläser oder Becher zu benützen?

Kann ich etwas dazu beitragen, dass unsere Kirchengebäude wieder hürdenfrei erreichbar werden, auch im Interesse der Menschen mit

Beeinträchtigungen (Verzicht auf das Verstellen und Belagern der Kirchenvorplätze, besonders bei diversen lärmenden Veranstaltungen, Rücksicht auf Gottesdienstzeiten in der Gestaltung der Parkgebührenregelung, offene Zufahrten und gebührenfreie Parkplätze für Privatautos bei den Kirchen auch außerhalb der Gottesdienstzeiten, Abkehr von unnötigen Kanalisierungen des Straßenverkehrs, die den Weg zur Kirche erschweren)?

Kann ich in meiner Umgebung bewusstseinsbildend wirken, dass unsere christliche Kultur als unverzichtbarer Wert wieder neu zu entdecken und konsequent zu fördern ist?

Schöne Heimat Österreich: Traunsee, Oberösterreich (Heise)

Es klingt überaus überzeugend, begeistert, ja mitreißend, wenn Kardinal *Christoph Schönborn*, Erzbischof von Wien, zu Gott ruft: „Zu wem sollten wir denn gehen? Wer hat eine solche Kraft der Befreiung, eine so große Liebe und Barmherzigkeit wie du? ***Ja, dein Weg ist anspruchsvoll, aber schön. Mit dir den Weg des Lebens zu gehen, ist ein unvergleichliches Glück.***“ (Kardinal Christoph Schönborn, Wort zum Sonntag, 23 08 2009).

Machen wir uns diesen „anspruchsvollen“ Weg der ewigen Schönheit und des unvergleichlichen Glücks, der unendlichen Liebe und Barmherzigkeit Gottes, weit abseits von lieblos „strenger“ Katholizität, zur Lebensaufgabe.
Die Zeit drängt.

Werden wir

„liebevoll katholisch“,

unter ständiger ***Wachsamkeit***

(Mk 13, 35)

und mit Gebrauch unserer Gabe

der ***Vernunft***

(Mk 7, 21 - 23).

Ansonsten bedeutete es einen verhängnisvollen, unwiederbringlichen Verlust für uns alle hier im europäischen Raum.

Möge dieses Buch ein kleiner Beitrag dazu sein.

Ästhetik in der Baukunst: Stephansdom, Wien, bei Nacht (S.Chocianowski)

LITERATURVERZEICHNIS

Wenn nicht anders angemerkt, fanden in diesem Buch Beiträge aus folgenden Büchern der Autorin ***Irene Heise*** Verwendung:

1. Caterina von Siena - Gebt ihnen zu ESSEN! *Die mystisch-theologische Kompetenz der Kirchenlehrerin und Patronin Europas als Schlüssel für eine befreiende Sakramentenpraxis,* Grundlagenliteratur, 3.Aufl. 2011

2 Mein persönliches Katharina von Siena Buch. *Information - Reflexion - Meditation - Gebet - mit Katharina-ABC,* 2.Aufl. 2017

3. Einführung in eine Theologie der Empathie *aus Theologie, Philosophie, Psychologie und Mystik und* ***Empathische Problemanalyse,*** Grundlagenliteratur, 3.Aufl. 2012

4. Hättet ihr nur Zeit gehabt. *Mangel an Zuwendung als Quelle für Suchtverhalten, Kriminalisierung und Scheitern in der Ehe. Praktisches Beispiel einer von der Autorin entwickelten* ***Empathische Problemanalyse***, 2.Aufl. 2005

5. Auch sie sind Kirche! *Scheidung, Wiederverheiratung und Kirchendistanzierung als Herausforderung für* *eine menschengerechte Pastoral und Sakramentenpraxis*, Grundlagenliteratur, 3.Aufl. 2013

6. Einfühlung bei Edith Stein. *Überraschende Einblicke in die Doktorarbeit einer sensiblen Heiligen.* Die allererste Ausarbeitung der nur fragmentarisch erhaltenen, phänomenologischen Dissertation Ediths, für Studierende und Interessierte, 2.Aufl. 2006

7. Soldatenstiefel und Zuckerrohr. ***Zwischen Ehe und geistlichem Beruf***, Narrative Theologie, 1995.

8. ***Turniertanz Standard als harmonische Verbindung von Sport, Ästhetik und Spiritualität.*** *Eine fotogestützte Betrachtung mit 50 Aufnahmen,* Bildband, 2011

Weitere Bücher und Gesamtdokumentation samt Autobiografie von Irene Heise: www.buchhandel.de , www.vlb.de , www.irene-heise.com .

Die angeführten Zitate der hl.Katharina von Siena stammen aus folgenden Bänden der *Gesamtdokumentation:* ***Caterina von Siena,*** hgg. von Werner Schmid, Verlag St.Josef, Kleinhain:

Bd 2: *Caterina von Siena. Sämtliche Briefe. An die Männer der Kirche I,* 2005
Bd 3: *Caterina von Siena. Sämtliche Briefe. An die Männer der Kirche II,* 2005

Bd 4: *Caterina von Siena. Sämtliche Briefe. An die Ordensfrauen,* 2007

Bd 5: *Tommaso Caffarini, Das Supplementum. Biographische Ergänzungen zu Caterina von Siena* (Abk. „Supplementum“), 2005

Bd 6: *33 Jahre für Christus. Raimund von Capua, Das Leben der hl.Caterina von Siena. Die Legenda Major* (Abk. „Legenda Major“), 2006

Bd 7: *Der Prozess von Castello. Zeugenaussagen über die hl.Caterina von Siena* (Abk. „Prozess“), 2011

Bd 8: *Sämtliche Briefe. An die Frauen in der Welt,* 2013

Weitere Zitate der hl.Katharina von Siena stammen aus: ***Caterina von Siena, Gespräch von Gottes Vorsehung***, eingeleitet von E.Sommer v. Seckendorff u. H. Urs v. Balthasar, Johannes Verlag, Einsiedeln, 4.Aufl., 1993 (Abk: „Dialog“)

Ergänzend wurde verwendet:

Edith Stein, ***Texte zur Fasten- und Osterzeit***, Geistliche Texte zum Nachdenken - Kleine Reihe 2, Edith-Stein-Stiftung, Köln, o.Jahresangabe

Kapellari Egon, ***Heilige Zeichen in Liturgie und Alltag****,* Styria, Graz, 2001

Lorenz Erika, ***Vom Karma zum Karmel****. Erfahrungen auf dem inneren Weg*, Herder, 1989

Mechthild von Magdeburg, Ich tanze, Herr, wenn du mich führst. Ein Höhepunkt deutscher Mystik, ausgewählt von Margot Schmidt, Herder, Freiburg, 1988

Sagardoy Antonio, ***Harmonien für Gott. Elisabeth von der Dreifaltigkeit***, Verlag Christl.Innerlichkeit, 2000

Sr.Blandina Paschalis Schlömer, ***Jesus Christus - Lamm und schöner Hirt.*** *Begegnung mit dem Schleier von Manoppello*, Johannes Wiemann Verlag, Nürnberg, 2015

Teresa von Avila, Die innere Burg, Diogenes Verlag AG, Zürich, 1979

Therese vom Kinde Jesus, Selbstbiografische Schriften, Johannes Verlag, Einsiedeln, 1958

Papst Franziskus*,* Enzyklika „***Laudato si***" (2015), Apostolisches Schreiben „***Evangelii Gaudium***" 2013), Apostolisches Schreiben „***Amoris Laetitia***" (2016).